Marius, 760g

Valentine P.

Marius, 760g

© 2021 Valentine P.
Édition : BoD – Books on Demand,
12/14 rond-point des Champs-Élysées, 75008 Paris
Impression : BoD - Books on Demand,
Norderstedt, Allemagne

ISBN : 978-2-322-39690-0
Dépôt légal : Septembre 2021

Pour mes enfants...

Avant-Propos

Depuis que je suis enfant, je souhaite écrire, raconter des histoires, transmettre. Cette dernière action m'a été possible grâce mon métier d'enseignante, tout comme raconter des histoires, que je fais quotidiennement avec mes élèves à l'aide des œuvres d'écrivains reconnus. Ecrire a toujours été un exutoire pour moi et enfant, j'ai écrit des contes que je lisais ensuite à mes sœurs et leurs amis.

Quand je vais mal, quand je vais bien, quand j'ai des idées... écrire m'a toujours été d'une grande aide.

Je ne pensais pas qu'un jour j'écrirais sur un sujet aussi douloureux. Ma vie a été jalonnée d'épreuves, mais j'espérais qu'elles ne constitueraient pas un sujet d'écriture. Le destin en a décidé autrement.

Si j'écris aujourd'hui, c'est tout d'abord pour raconter la vie de mon fils, de cet être exceptionnel que j'ai eu la chance de porter, de créer et de connaître. Marius est et restera pour moi un héros qui a bouleversé de nombreuses vies.

C'est aussi pour lui rendre hommage, pour laisser une trace de son existence.

Ces écrits vont aussi permettre à notre famille et nos amis de savoir ce que nous avons traversé, ce qu'il a accompli et de leur donner un moyen d'être proches de lui, de se forger les souvenirs qu'ils n'ont pas eu la chance de partager à ses côtés.

Encore une fois, écrire me permet d'évacuer, de créer une sorte de catharsis indispensable à mon processus de deuil.

Enfin, en ayant moi-même lu divers ouvrages de parents endeuillés, j'espère que celui-ci permettra d'en aider d'autres dans la même situation et de leur faire savoir qu'ils ne sont pas seuls.

Voici donc son histoire, *notre* histoire. Un quotidien vécu pendant plusieurs semaines, plusieurs mois.

Cela peut paraître long pour certains, parfois répétitif, peut-être même ennuyeux ou au contraire, court et haletant.

Le temps passe et, d'après Einstein (qui a d'ailleurs publié sa théorie le jour de la naissance de Marius... à 104 ans près), est relatif.

Pendant des mois, nous avons découvert *notre* relativité. Nous avons réalisé à quel point le temps peut varier en fonction de nos ressentis et des situations rencontrées. Nous avons constaté cette capacité qu'a le temps de se distendre pour durer une éternité ou, au contraire, de passer à la vitesse de la lumière.

Nous avons vécu sur des montagnes russes, dans une vie toute en contrastes : partagés entre l'amour de l'autre et la haine de soi, entre la douceur et la souffrance, entre la force et la fragilité, entre la vie et la mort...

Été

UN RÊVE EVEILLE

Marius est entré dans nos vies le matin du 15 juin 2019. J'avais arrêté la pilule le mois précédent et avais effectué un premier test de grossesse la semaine d'avant, ne voyant rien arriver. Celui-ci s'est avéré être négatif et j'ai mis mon retard sur le compte de la remise en marche naturelle de mon corps. Après plusieurs années sous pilule, il était probablement normal de ne pas récupérer de cycle directement.

Ne voyant toujours rien revenir, j'ai commencé à m'inquiéter et à me demander quand mon corps allait être capable de fonctionner correctement, afin de me permettre de faire un enfant.

J'avais aussi cette peur, tenace, de ne jamais réussir à concevoir. Mes épisodes d'anorexie à l'adolescence, un traitement hormonal pour réguler mon acné quelques années auparavant et cette connaissance du fait que penser obsessivement à vouloir tomber enceinte puisse ralentir le processus m'angoissaient.

Pour palier à cela et en attendant que mon amoureux soit lui aussi prêt à devenir papa, j'avais cherché un sens à ma vie et avais découvert le yoga, la méditation, le lâcher prise. Cela faisait des mois que je pratiquais assidument, si bien que mon corps et mon esprit s'en voyaient transformés. Même Thomas l'avait remarqué.

De son côté, il pensait que j'avais probablement fait le test trop tôt. J'avais pourtant respecté les délais, mais il m'incitait à en refaire un, « On ne sait jamais ».

Je me suis réveillée ce samedi matin vers 6h, chose assez inhabituelle pour moi qui suis une grande dormeuse. J'ai fait mon test. J'ai eu un moment d'absence en voyant apparaître cette deuxième barre, comme pour me préparer à ce que cela signifiait. Mon premier réflexe a été de la recouvrir, de la cacher de peur d'avoir mal vu, d'avoir un faux espoir et qu'elle ne disparaisse. Puis j'ai retiré ma main. Elle était là. Pas aussi foncée que la barre test, mais présente.

J'ai reposé le test sur le lavabo et suis retournée au lit, le cœur battant. Tellement battant que mon plan pour l'annoncer au futur papa tomba à l'eau. J'imaginais faire une prise de sang, attendre la confirmation et lui annoncer avec une paire de petits chaussons, quelque chose comme ça...

Mais mon cœur battait tellement fort qu'il a du l'entendre et m'a dit « Qu'est-ce qu'il y a ? », j'ai répondu « Devine » et il a compris.

Après m'avoir embrassée et dit « Je suis sûr que ça sera une fille », il m'a vivement encouragée à aller faire la prise de sang pour confirmer la nouvelle. Environ deux heures après l'avoir faite, nous étions sûrs. Nous allions devenir parents.

J'ai envoyé un message à mon amie Mallaury. Nous avions toujours dit que le jour où cela arriverait à l'une de nous, l'autre serait la première au courant.

J'ai aussi envoyé un message à mon autre amie et voisine Nastasia qui connaissait notre projet. Elle-même mère de trois enfants, elle pouvait m'aider et je lui avais demandé si mon retard pouvait signifier quelque chose malgré le test négatif.

Le soir même, nous étions invités chez un ami. C'était tellement étrange de savoir qu'à l'intérieur de moi se développait un petit être sans que personne d'autre que nous ne soit au courant !

Les jours suivants, il était impossible de contacter ma gynécologue, j'ai donc contacté une sage-femme de ma ville, conseillée par Nastasia, qui me prescrit une échographie de datation.

Le jour du rendez-vous, l'échographiste m'expliqua que les dates annoncées étaient fausses : le bébé avait été conçu plus tard qu'annoncé, il n'arrivait donc pas à le voir distinctement. Il était bien là cependant. « Vous voyez ce petit point qui clignote ? C'est son coeur ».

Rendez-vous prit la semaine suivante pour avoir une meilleure estimation de la date de conception.

La semaine suivante, l'embryon avait triplé de volume. Il ressemblait à un petit haricot. Tout était normal et la date d'accouchement était prévue au 1er mars. Pour en parler, Thomas et moi décidâmes d'un surnom.

J'ai donc commencé le suivi avec ma sage-femme. Prises de sang et analyses d'urine mensuelles devenaient monnaie courante. J'y allais toujours le sourire au lèvres, insouciante.

J'avais beaucoup de mal à réaliser que j'étais enceinte. En dehors de l'absence de règles, je n'avais pas de symptôme. J'imaginais être comme ces femmes dans les films qui vomissent à tout bout de champ, mais ça n'a pas été le cas : aucune nausée, quelques vertiges de temps en temps, mais rien de bien méchant. J'ai cependant eu extrêmement mal à la poitrine pendant une dizaine de jours, ce fut tout tout.

J'étais enceinte et à part les résultats des différents tests et ce petit haricot clignotant, rien ne le laissait présumer.

Je suis enseignante, les grandes vacances sont donc arrivées le mois suivant. Je me suis retrouvée du jour au lendemain à ne plus savoir comment m'occuper. Jusque là, j'avais toujours des devoirs à corriger, des leçons à préparer, des réunions auxquelles assister, la kermesse à organiser... Et puis plus rien.

J'ai alors eu le temps de réfléchir... Et d'angoisser. Et si je faisais une fausse couche ?

Je n'osais plus faire de yoga, sachant que, bien que conseillé, il me fallait à présent pratiquer un yoga différent, prénatal. J'en avais juste fait une séance le lendemain du jour où nous avons appris que j'étais enceinte, tellement j'étais excitée. Là, j'avais trop peur de mettre en danger mon bébé en faisant une posture déconseillée. J'ai donc commandé des ouvrages spécialisés mais attendais de les recevoir.

J'ai éprouvé le besoin d'aller chez ma mère, qui habite en Normandie. Impossible d'attendre les trois mois conseillés pour lui annoncer.

J'y suis allée seule le 14 juillet pour les rejoindre, elle et mes deux petites sœurs. Thomas travaillait et ne pouvait pas se libérer, mais comprenait que j'aie besoin de les voir et de leur annoncer. Nous l'annoncerions à ses parents quelques jours plus tard, à l'occasion de leur anniversaire.

Je voulais leur apprendre la nouvelle de manière originale. J'ai donc acheté des fioles avec un bouchon en liège par lequel j'ai passé une aiguille pour y accrocher quelques grigris qui dépasseraient du bouchon et un message à l'intérieur de la fiole.

Sur celui de ma mère, il était écrit « Tu vas devenir Mamie », sur celui de ma première petite sœur « Tu vas devenir Marraine » et sur celui de ma dernière petite sœur « Tu vas devenir Tata ».

Connaissant ma mère, je savais qu'elle sortirait une bouteille de champagne pour fêter mon arrivée. Ça n'a pas loupé, mais il avait été décidé que nous irions rejoindre ma sœur dans son appartement de Rouen afin d'assister aux feux d'artifices le soir même. J'eus donc à peine eu le temps de poser mes valises que nous étions reparties en voiture, la bouteille posée entre deux sièges.

À notre arrivée, je leur offris les fioles, prétextant les avoir trouvées en brocante.

C'est Sarah, ma dernière sœur, qui réussit à ouvrir son message en premier. Elle m'a alors regardée avec des yeux ronds, tandis qu'un large sourire se dessinait sur ses lèvres. « Mais nooooooon, allez dé-pêchez-vous d'ouvrir alleeeeeez !!!! ». Puis elles se sont toutes jetées sur moi en criant et pleurant de joie.

Nous l'avons annoncé aux parents de Thomas chez eux. Après avoir réussi à ce que sa mère s'arrête de s'affairer partout dans la maison, nous leur avons demandé s'ils avaient quelque chose de prévu au mois de février (étant persuadés que le bébé arrive-rait avant le 1er mars). Ayant une petite chienne, il nous arrivait à l'occasion de leur confier le temps d'un week-end quand il nous était impossible de la prendre avec nous. Ils en conclurent donc (et c'est ce que nous présumions) que nous voulions qu'ils la gardent. Sa mère est directement allée dans la cui-sine chercher son calendrier. « Non... Enfin, nous avons le repas du footing mais, ça n'est pas déran-geant pourquoi ? » « Parce que vous aurez un qua-trième petit enfant ! ».

Nous avons également proposé au frère de Thomas d'être le parrain.

Après un voyage de quelques jours en Irlande au cours duquel j'ai acheté un petit mouton en peluche que je trimballais partout avec nous, même dans les pubs (dans lesquels, à défaut de boire, j'écoutais les groupes de musique avec plaisir), nous avons assisté à l'échographie du premier trimestre, le 16 août.

C'était un lendemain de jour férié, les équipes étaient réduites et le retard s'était accumulé.

Ayant consciencieusement bu la quantité d'eau recommandée, j'ai eu beaucoup de mal à me retenir. N'en pouvant plus, j'ai craqué et ai bu ensuite dans la gourde que j'avais préparée au préalable.

Le moment tant attendu est arrivé. Nous avons vu notre bébé pour la première fois. Ce n'était plus un haricot mais un bébé. Nous voyions distinctement sa tête, son nez, ses bras, ses jambes... Ça devenait réel ! Nous l'avons vu faire des bonds, mais je ne le sentais pas encore. Et quand l'échographiste a dit « Oh, il suce son pouce », j'ai pleuré.

Un tout petit être d'environ 10 cm était en train de grandir dans mon ventre et bien que cela ne fasse pas encore trois mois que nous cohabitions, il savait déjà sucer son pouce !

J'en ai encore pleuré dans la voiture en regardant les clichés. J'étais tellement heureuse, tellement fière...

Nous les avons envoyés à nos familles respectives en précisant « Manifestement, il ou elle n'aura pas besoin de tétine ! ».

Nous avons eu notre première frayeur suite aux résultats de la prise de sang pour les trisomies. La clarté nucale était bonne mais les analyses sanguines indiquaient un risque sur mille que le bébé ne soit atteint d'une trisomie. J'ai donc dû refaire une prise de sang.

L'attente m'a semblé durer une éternité. J'étais effondrée. Fort heureusement, les résultats suivants n'ont rien révélé. Le bébé était en parfaite santé, il n'y avait aucune anomalie.

J'ai repris le travail et l'ai annoncé à mes collègues le jour de la rentrée, à trois mois de grossesse.

Je ne l'ai pas dit tout de suite à mes élèves. J'étais persuadée que mon ventre commencerait déjà à se dessiner à ce moment là, mais pas du tout. J'ai donc continué comme avant, décidant de leur dire quand cela se verrait.

Continuer comme avant fut compliqué ! Je ne me rendais pas compte de l'énergie que je déployais pour eux... avant de devoir la partager avec un autre.

Dès le lendemain de la rentrée, j'ai dû m'arrêter pour deux jours. Ça a été dur à admettre, mais je n'avais plus les mêmes capacités : je partageais mon corps à présent... Sauf que ça ne se voyait pas et que je ne le sentais pas. Je me sentais diminuée, mais c'était pour son bien, notre bien. J'ai accepté de lever le pied, de me calmer.

Tout s'est bien passé par la suite. À l'écoute de mon corps grâce au yoga et à la méditation que j'avais repris, j'ai commencé à sentir des petites bulles dans mon ventre le 17 septembre. Le lendemain, j'avais rendez-vous avec ma sage-femme, qui m'a confirmé qu'il s'agissait bien de coups.

Je sentais déjà mon bébé à environ trois mois et demi de grossesse !

Connaissant donc les sensations, je suis parvenue à les repérer de plus en plus facilement et tous les soirs, j'y avais droit. C'était devenu un petit rituel.

Thomas a réussi à le sentir le 29 septembre. Tout le monde s'est accordé à dire que c'était tôt, mais notre bébé était très fougueux. Et il savait déjà sucer son pouce à la première échographie, alors il était en avance, tout simplement !

Je me souviens d'un soir, alors que nous venions d'aller nous coucher, où j'ai dit à Thomas que le bébé était très en forme. Il venait de donner des coups assez vigoureux et quand Thomas a approché sa main, j'ai eu la sensation que le bébé avait fait un looping dans mon ventre. J'ai été impressionnée et aussi effrayée : ça promettait pour la suite !

Quelques jours avant les vacances de la Toussaint, les hormones ont commencé à me jouer des tours. Jusqu'à présent, elles se manifestaient par des larmes devant des films ou des fous rires incontrôlables. Mais un matin, voyant qu'une blessure que ma chienne s'était faite la veille commençait à s'infecter malgré nos soins, j'ai paniqué et j'ai été prise d'une énorme crise de larmes. Impossible de me calmer.

Le médecin m'a arrêtée jusqu'aux vacances de la Toussaint, malgré mes protestations. Je suis rentrée et ai passé mon temps avec ma chienne.

J'ai finalement apprécié ce repos forcé. Mon ventre commençait enfin à se dessiner, le bébé bougeait encore plus... J'ai continué à préparer sa chambre. Il avait déjà son lit, une commode table à langer, des vêtements... Il manquait surtout la décoration. J'attendais d'être en congé maternité pour me pencher dessus, ayant déjà beaucoup d'idées mais pas le temps de faire le tri. Il n'était pas question de faire une décoration genrée. Bleu pour les garçons, rose pour les filles ? Très peu pour nous. Et nous ne voulions pas connaître le sexe. Nous avions un prénom pour chaque cas de figure, ça nous suffisait.

Le jour de l'échographie du deuxième trimestre est arrivé. On m'avait dit que c'était la meilleure car on voyait très bien le bébé. Ayant été ébahie par la netteté des détails à la première, j'attendais encore plus impatiemment celle-ci ! Et j'ai été déçue. Sur le chemin, je sentais que le bébé avait le hoquet. Il l'avait à nouveau pendant l'échographie, ce qui rendait les images floues. De plus, il était mal placé, il a donc fallu m'appuyer très fort sur le ventre pour le décider à bouger. Une vraie tête de mule qui n'avait manifestement pas envie d'être dérangée !

Nous avons cependant appris que ce serait un petit bébé et qu'il fallait que je lève le pied concernant le travail et la route, afin qu'il puisse grandir davantage. Sinon, tout allait bien.

À notre arrivée, l'échographiste nous avait demandé si nous voulions connaître le sexe et nous avions répondu non, mais à la fin, elle nous le proposa à nouveau.

J'étais tellement déçue de n'avoir rien vu, de n'avoir pas pu voir à nouveau mon petit bébé aussi bien que la première fois... que lorsque son papa a dit «Je pense savoir ce que c'est », j'ai réagi immédiatement. Hors de question qu'il sache et moi non ! De toutes façons, nous savions que c'était une fille. Thomas l'avait dit quelques minutes après avoir appris ma grossesse et parlait déjà des cartables qu'il l'autoriserait à avoir ou non (« Rose, ok, mais pitié, pas *La reine de neiges* ! »). De plus, il n'y avait que des filles de mon côté (on en rigolait régulièrement en disant que nous n'étions capables de faire que des filles chez nous)... Bref, une fille.

« C'est un petit garçon ».

« Ah bon ?!? ».

Tous en choeur !

L'échographiste a rigolé. Nous avions pourtant une chance sur deux, mais non, nous étions persuadés que ça serait une fille. Nous étions tout de même ravis. L'un ou l'autre, quelle importance, du moment qu'il va bien ?

Ne pas savoir le sexe de son enfant permet d'imaginer plein de scénarios possibles. L'apprendre met fin à la moitié de ceux-là. Il a fallu faire le deuil de ce que nous avions imaginé pour une fille, ainsi que le prénom que nous pensions lui donner et au contraire, chérir tout ce qu'on avait imaginé pour un garçon. Notre petit garçon. Notre petit Marius. Car oui, nous avions décidé de ce prénom très tôt et très vite : avant même de l'annoncer à nos familles, qui l'ont pourtant su très tôt.

Pourquoi Marius ? Ai-je été influencée moi-même dans le ventre de ma mère alors qu'elle lisait les œuvres de Pagnol pour pallier à ses insomnies de grossesse ? Puis, cette influence aurait été poursuivie avec ma grand-mère, avec qui je visionnais les adaptations cinématographiques de la *Trilogie Marseillaise*, dont le personnage éponyme me fascinait ?

Il y a également, dans la fin de ce prénom, un petit côté *Harry Potter* non négligeable, étant donné ma passion pour ces romans depuis mon enfance.

C'est aussi un prénom ancien signifiant « mer », que j'ai toujours aimée. Nous avions une maison en Bretagne et chaque été, nous y allions avec ma famille. Je m'y sentais chez moi. J'aimerais vivre au bord de la mer. Là bas...

Je pensais que Thomas ne l'aimerait pas, étant peut-être trop original, mais au contraire, il l'a aimé immédiatement. C'était décidé. Notre petit garçon s'appellerait Marius.

Marius a donc grandi en moi et chaque jour, je le sentais.

Après avoir considéré la possibilité de le mettre en crèche lors de ma reprise du travail, j'ai fait la rencontre d'une nounou, avec laquelle le contact est très bien passé. Par la suite, elle prendra régulièrement de nos nouvelles.

Nous sommes allés à Malte avec son papa, ma mère et mes sœurs. Enfin, elles aussi pouvaient voir mon ventre de plus en plus (mais toujours pas assez à mon goût) rebondi.

J'aimais mes nouvelles formes. Je me sentais tellement bien, tellement femme et belle. Moi qui avais eu des problèmes concernant mon image et mon corps, je l'acceptais enfin totalement.

Le yoga m'a appris à considérer mon corps comme un temple. À présent qu'il abritait la vie, je le chérissais au plus haut point et lui donnais le meilleur. J'en prenais soin, le mettais en valeur, le nourrissais sainement. Je distinguais peu à peu mon ventre s'arrondir, lentement mais sûrement, tout en douceur. Quand on me voyait, on me disait « Mais où le caches-tu ? ». On me comparait à d'autres femmes enceintes pour qui le doute ne se laissait plus sentir. Une fois, pour recevoir un massage prénatal, on m'a même demandé de confirmer que j'étais bien enceinte de cinq mois et non de seulement cinq semaines...

Puis un jour, on m'a dit « C'est parce que vous le portez près du coeur ». Et ça me convenait. C'était parfait.

Un peu avant l'été, j'avais acheté un pull bleu en grosses mailles. Je me disais « Si ça se trouve, bientôt je serai enceinte et ce pull sera parfait pendant l'hiver ».

Depuis peu, j'avais commencé à m'acheter des vêtements de grossesse. Si mon ventre n'était pas encore proéminent, il le deviendrait et je commençais tout de même à ne plus rentrer dans mes vêtements normaux. J'avais donc acheté en prévision un pantalon de grossesse, que j'ai mis avant de remplir le bandeau destiné à envelopper le ventre : mes autres pantalons étaient trop serrés. J'avais aussi acheté des soutiens-gorge d'allaitement : ma poitrine avait légèrement grossi et ils serviraient plus tard. J'avais aussi déniché une jolie tunique bordeaux et une robe, qui pourraient m'aller après la grossesse.

Cette robe, je la réservais aux fêtes de fin d'année. C'était une belle robe camel plissée, avec un joli décolleté. En l'essayant, on devinait tout juste mon ventre grandissant, mais bientôt il serait bien mis en valeur...

Les fêtes de fin d'année, je les attendais avec impatience. J'ai toujours aimé l'ambiance qui se dégage à cette période. L'excitation, l'attente, la joie... Les lumières, les décorations, les marchés de Noël qui remplacent les brocantes, dont nous sommes coutumiers au printemps et en été...

Je savais pertinemment qu'avec plus deux heures de trajet pour aller et revenir du travail chaque jour, j'allais être arrêtée avant le congé maternité. Je ne voulais pas exagérer et continuais avec plaisir à m'occuper de mes élèves en sachant que cette année, je n'allais pas les quitter la veille des vacances de Noël, mais avant.

J'imaginais alors ces moments, remplis de lectures, bien installée dans le canapé avec Nobelle, notre chienne, que j'allais pouvoir emmener plus souvent en balade. Celles-ci seraient ensuite encore plus fréquentes et accompagnées de notre petit Marius, bien au chaud, lové contre moi dans une écharpe de portage et parfois en poussette.

Mais avant cela, il y aurait Noël : réunions de famille, joie de partager et à nouveau, excitation que ce petit bout de nous générait de plus en plus.

Viendrait ensuite le Nouvel An : cette année serait nouvelle, pleine de promesses, de joie, de bonheur, de fatigue bien sûr, mais nous étions préparés.

Et puis, comme toujours après cette période de fêtes, arriverait ce moment où l'on ne sait plus trop quoi faire. L'excitation est passée, les fêtes sont finies. Mais cette année, ça n'allait pas être le cas : l'attente serait toujours là : l'attente de sa venue. Alors je profiterais de nos derniers moments de parents sans enfant et me délecterais de ceux à venir, aussi fatigants soient-ils.

J'avais tellement hâte !

Lors d'un rendez-vous de suivi mensuel, la sage-femme et moi sommes étonnées en voyant ma prise de poids : un peu plus de quatre kilos en un mois.

Ça ne se voyait pas et jusqu'à présent, j'avais pris très peu de poids en dehors de deux kilos lorsque les pains d'épices de Noël ont été disponibles en rayon. J'avais un peu abusé, mais m'étais vite raisonnée et le mois suivant, j'étais à nouveau dans la norme.

Le monitoring était parfait, même si Marius s'amusait (comme souvent) à se cacher pour ne pas être dérangé !

Si elle était, comme toujours, parvenue à trouver le rythme cardiaque de Marius, elle éprouva des difficultés à prendre ma tension. Elle s'y reprit plusieurs fois, changea de bras, recommença.

La tension était un peu haute, mais la valeur n'était jamais identique, malgré les différentes prises. C'était donc à surveiller.

Elle me prescrivit une prise de sang et une analyse des urines sur 24h. Elle me recommanda aussi de ne pas tarder à m'arrêter de travailler.

Je fis la prise de sang, dont les résultats étaient normaux, en sortant de son cabinet. Je lui indiquais cependant que, travaillant encore les deux jours suivants, il allait être difficile de faire l'analyse d'urine tout de suite. On était mercredi, j'allais donc terminer le travail entamé et préparer l'arrivée d'un remplaçant, avant de faire mon analyse entre dimanche et lundi.

En fermant la porte de ma classe le vendredi, je ne pus m'empêcher de penser : « La prochaine fois que je passerai cette porte, je serai maman » !

Le dimanche, alors que je prenais un bain, Thomas vint me rejoindre et m'enlaça. Notre pot de colle de chienne s'allongea devant la baignoire et s'endormit.

Je sentais Marius bouger dans mon ventre, le souffle de son père dans mon cou, la chaleur de l'eau sur ma peau. J'étais bien. J'étais heureuse. J'étais exactement là où je voulais être. J'aurais aimé arrêter le temps à ce moment précis.

Automne

LE JOUR OU TOUT A BASCULÉ

Le lendemain, lundi 18 Novembre, je dépose le bidon contenant mes urines au laboratoire. J'appelle l'inspection pour prévenir de mon absence et vais voir mon médecin traitant l'après-midi même.

En route pour le rendez-vous, je reçois le résultat des analyses. Il y a des protéines dans mes urines. Le taux n'est pas alarmant, mais est tout de même élevé.

J'en informe mon médecin et lui parle du rendez-vous de suivi du mercredi précédent, lui demandant de vérifier ma tension. Elle s'exécute. À nouveau, elle change de bras, attend, recommence, me fait m'allonger. Elle me demande le numéro de ma sage-femme et l'appelle. Elle aussi a reçu les résultats et tente de contacter la maternité.

En attendant, mon médecin m'explique que je commence à avoir des symptômes de pré-éclampsie. C'est une maladie de grossesse impliquant une tension artérielle élevée associée à une protéinurie dans les urines résultant d'un problème au niveau du placenta. Les échanges mère-enfant ne se font pas correctement et il peut y avoir un retard de croissance *in utero*. Cette maladie peut se déclencher à partir de 20 semaines d'aménorrhée. J'en suis à 26 semaines et 1 jour. Elle se déclare plutôt en fin de grossesse et parfois après, mais j'en présente les deux symptômes.

Cette maladie peut être fatale, aussi bien pour l'enfant que pour la mère et le seul traitement pour l'arrêter est l'accouchement. Elle peut être ralentie à l'aide d'anti hypertenseurs, mais pas éradiquée.

La sage-femme rappelle. Il est préférable que j'y aille, pour tout contrôler.

Mon médecin me conseille de prendre des affaires, au cas où je doive être hospitalisée. Je pleure. Hospitalisée ? Accouchement ? Mais c'est trop tôt ! Je ne suis pas prête ! Je n'ai même pas encore eu de cours de préparation ! Et Marius est trop petit !

Mais je n'ai pas le choix. J'appelle Thomas qui travaille. Je suis terrorisée. Il décide d'appeler ses parents, afin que ce soient eux qui me conduisent à la maternité : je suis incapable de faire ce trajet seule à ce moment.

Je peine à rentrer chez nous. Je pleure en voyant Nobelle m'accueillir, inconsciente de ce qui est en train de se passer. Je prépare quelques affaires, scanne mon arrêt de travail pour l'envoyer d'une manière ou d'une autre à l'inspection.

Les parents de Thomas arrivent. J'embrasse et serre fort dans mes bras ma chienne. Mes larmes coulent sur son pelage. J'ai peur.

À mon arrivée, Thomas est déjà sur place. D'autres femmes enceintes arrivent en même temps. Elles ont nettement plus de ventre que moi ! Je suis installée dans un fauteuil et on me prend ma tension. 18.9. Ce n'est pas bon. Moi qui suis toujours *toujours* à 12.8 !

On met ça sur le compte du stress. On me fait faire une analyse d'urine, on prend ma tension toutes les cinq minutes pendant une demie heure en même temps qu'un monitoring, on me fait patienter une éternité dans une pièce près de l'entrée pour une prise de sang... Et on m'indique que, par précaution, je dois être hospitalisée cette nuit.

On m'installe dans une chambre rose dont la lumière de la salle de bain met (j'ai compté) quinze secondes à s'allumer. On me donne un anti-hypertenseur (Aldomet), ma tension est à nouveau surveillée toutes les dix minutes pendant une heure. Je finis par m'endormir, Marius gigote comme un bienheureux. Il va bien.

Je suis réveillée en trombe à 6h du matin par une infirmière venant me faire une prise de sang. Je suis sonnée, à peine réveillée et me mets à paniquer ? Que se passe-t-il ?

On me rassure, les infirmières de jour viennent de prendre leur service, elles me font donc une prise de sang pour surveiller mon état.

Aldomet, prise de tension pendant une heure toutes les dix minutes trois fois par jour, on me demande ce que je souhaite manger ce midi et ce soir... Apparement, je dois rester. Je m'occupe comme je peux en attendant que Thomas vienne me rendre visite. Il est d'astreinte cette semaine, ses horaires sont donc compliqués. Je lui demande de m'apporter d'autres affaires et un carnet pour pouvoir écrire.

Certains passages seront tirés de ce carnet que j'ai tenu à jour quotidiennement depuis le 19 Novembre. Ce sont des écrits « à chaud », en opposition à ces lignes, écrites plus tard. L'intention est la même : laisser une trace, évacuer, comprendre, témoigner.

Chaque jour compte. Mes amies viennent me voir. Mallaury m'apporte de quoi me sustenter le corps (la nourriture est tellement fade!), Nastasia, l'esprit. Elle m'amène des livres de la bibliothèque où elle travaille. J'ai du temps maintenant que je ne travaille plus !

Ma tante vient me rendre visite également, ainsi que les parents de Thomas et bien sûr le futur papa !

Maman et mes sœurs viendront pour le week-end.

Les journées sont rythmées par le passage des infirmières, des sages femmes, des médecins parfois, de Thomas quotidiennement et de nos proches, à l'occasion. Elles sont entrecoupées par les prises de médicaments anti-hypertenseurs et des prises de tension qui me bloquent pour une heure, trois fois par jour.

On me fait faire une autre échographie qui révèle un retard de croissance plus grand que lors de la dernière.

Les médecins, qui ne voulaient pas s'alarmer en espérant que ça ne soit qu'une hausse de tension, commencent à confirmer le diagnostique de pré-éclampsie. Toutefois, je réagis au traitement, ce qui est bon signe. Je comprends malgré tout que je ne suis pas prête de sortir quand on me demande mes souhaits concernant mes repas deux jours à l'avance.

Une nuit, je panique. Je commence à comprendre que c'est sérieux, alors même que je ne ressens rien. J'aime être enceinte, je n'ai pas eu le temps d'en profiter suffisamment ! J'ai encore besoin de sentir mon bébé grandir en moi, de sentir ses coups, de voir mon corps se transformer dans l'attente de sa venue. Je ne suis pas prête à le laisser partir ! Et je veux être auprès de Thomas... Et Nobelle ! Elle ne doit rien comprendre ! Je lui avais dit qu'on allait être toutes les deux pendant la journée, que je la balade-rais... Elle me manque. Son regard plein de curiosi-té, son souffle rassurant, sa présence.

Je veux rentrer chez moi. Je veux dormir avec Tho-mas, passer du temps avec ma chienne, cocooner à la maison en continuant à fabriquer la vie !

Une infirmière et une sage-femme viennent. Avec beaucoup de patience et de douceur, elles calment mes pleurs, me rassurent. Elles me proposent de voir une psychologue dès le lendemain, ce que j'ac-cepte.

La psychologue est adorable. Elle m'écoute, me ras-sure, m'explique tout de même ce qui est en train de se passer et ce qui risque d'arriver. Mais je refuse cette dernière partie. Je réagis au traitement, je me repose, j'arriverai à tenir. Je pleure tout de même. Je ne suis pas prête et Marius non plus ! J'aime trop être enceinte et j'ai encore quelques mois pour en profiter, apprécier ces moments que je suis la seule à partager avec lui.

Je comprends aussi qu'il faudra très probablement que j'accouche par césarienne. Aucun problème, j'aurais aimé accoucher par voie basse, mais si c'est une question de santé, je ne vais pas faire la diffi-cile.

Puis une pédiatre du service de réanimation de néo-natalogie vient me voir. Elle me parle du service, me propose de le visiter... Mais enfin pourquoi ? Mon bébé va bien, moi aussi et je compte continuer comme ça ! Je ne peux pas aller dans ce service, ça doit être tellement dur de voir tous ces minuscules bébés... Non, merci. Je pleure encore.

Je me résigne à prendre la télévision dans la chambre. Quand je n'ai pas de visite, ça me permet de penser à autre chose. Entre temps, je lis, j'écris, je prends des nouvelles de l'école, de mon entourage... J'ai parfois des monitorings au cours desquels Marius se fait un malin plaisir en donnant des coups dans le capteur pour ensuite aller se cacher. Il a encore de la place et il en profite ! Mais je le sens gigoter, je ne m'inquiète donc pas quand les battements de son cœur semblent plus lointains. Je dois cependant batailler avec le capteur pour le placer correctement et continuer à relever les constantes, mais je m'amuse de la vitalité de mon petit garçon.

Les jours passent et me semblent durer une éternité. Il y a des jours avec et des jours sans. Parfois je suis confiante, d'autres non. Mais inlassablement j'ai des contrôles, des prises de sang, des analyses d'urine. On change mon traitement car je n'y réagis plus. Le nouveau fonctionne. J'ai aussi droit à des injections de corticoïdes afin d'aider les poumons de Marius à se développer, en cas d'accouchement prématuré.

Le samedi soir, après la visite de Maman et de ma sœur Juliette, je suis prise de maux de ventre. On m'a parlé d'une barre épigastrique, située au niveau des côtes, qui est un autre symptôme de la prééclampsie. Mais ce n'est pas ça.

Malgré des passages aux toilettes, la douleur persiste. Elle finit par passer au bout de plusieurs heures. La journée a été fatigante, je m'endors.

Le lendemain, je vais mieux, mais Thomas a une journée chargée et est éreinté suite à sa semaine d'astreinte. Ayant travaillé sept jours d'affilée, il sera de repos le lendemain et me demande donc si cela m'embête s'il ne vient pas aujourd'hui. Il a besoin de se reposer. Je vais bien, je peux l'appeler si besoin, il n'y a pas de problème.

Les douleurs au ventre reviennent pendant la soirée. Les passages aux toilettes n'y font rien mais je me sens encombrée. Je le signale aux infirmières, leur demandant un médicament pour m'aider, mais elles ne peuvent me proposer que du Spasfon. Inutile donc. Je prends sur moi. Mais la douleur est insoutenable.

Au bout d'un moment, j'alerte une infirmière. On me refait une prise de sang et une échographie dans ma chambre, pour vérifier qu'il n'y a pas d'hématome rétroplacentaire (un décollement du placenta). On me fait également un monitoring.

J'appelle Thomas pour le prévenir. Je dois le tenir au courant, à n'importe quelle heure.

Je demande à avoir un médicament pour évacuer, mais on me dit que ce n'est pas possible. On finit par venir me chercher à l'aide d'un fauteuil roulant pour m'emmener en soins continus.

Je m'assieds sur le fauteuil, tremblante. J'ai peur, mais je me dis qu'ils vont me donner un médicament et que j'irai mieux. Je prends mon téléphone et on me couvre avec mon plaid.

On me fait passer par un ascenseur et après avoir traversé plusieurs couloirs que je ne reconnais pas, on m'installe dans une nouvelle chambre.

Des médecins viennent me voir.

« Nous avons eu les résultats de vos analyses et ils révèlent des signes biologiques indiquant que votre état s'aggrave. Nous allons devoir sortir votre bébé cette nuit. »

Je n'ai même pas la force de protester. Je sais que je n'ai pas le choix et que mes paroles seront inutiles. Je ne suis pas médecin. J'imagine alors que Marius pourrait avoir des problèmes de développement, peut-être un ou plusieurs handicaps. À aucun moment je pense qu'il pourrait ne pas survivre. Non, il est bien trop vigoureux pour cela !

Ces pensées ne durent qu'une fraction de seconde, car une infirmière se matérialise à mes côtés et commence à me déshabiller. Alors qu'elle s'applique à retirer mes bijoux, mon téléphone sonne. C'est Thomas, qui s'impatiente de ne pas avoir de mes nouvelles. Je lui dis, la voix tremblante, qu'ils vont sortir Marius cette nuit.

    « Tu déconnes ?!

    – Tu crois vraiment que je déconnerais sur un tel sujet ? »

L'infirmière me demande s'il souhaite parler aux médecins. Elle emmène mon téléphone puis revient quelques instants après.

« J'arrive ».

On m'installe une perfusion au niveau du poignet, mais ça ne fonctionne pas du premier coup et je saigne. La deuxième est la bonne. On m'explique alors que le produit qu'on va m'injecter va me donner une sensation de chaud totalement normale. En effet, je sens une vague de chaleur m'envahir. Ça fait du bien. Plus les minutes passent, plus je me sens bien. Je comprends de moins en moins ce qu'il se passe.

Thomas arrive, ainsi que les médecins qui m'expliquent que les anesthésistes souhaitent attendre deux heures que le produit agisse et qu'ils attendent d'en savoir plus sur mon état afin de savoir s'ils procèdent à une césarienne classique ou s'ils me font une anesthésie générale.

Aucune de ces solutions ne me conviennent et je l'explique à Thomas : je ne veux pas assister à cela, impuissante, mais s'ils m'endorment complètement, j'ai peur de ne pas me réveiller. Il me répond que je n'ai pas le droit de le laisser seul.

Pour se changer les idées, il allume la télé. Bien sûr, il n'y a rien d'intéressant, il laisse donc un dessin animé sur une chaine de jeunesse.

Je n'arrive pas à réaliser. Le temps s'écoule étrangement et je n'ai aucune idée de l'heure qu'il est. Je ne pense même pas à profiter des derniers mouvements de Marius dans mon ventre, je distingue à peine mon corps. J'ai envie que ça finisse vite : maintenant que je n'ai plus le choix, l'attente me paraît interminable et inutile. Tout le long, j'ai dans la tête la chanson de Laurent Voulzy « *La fille d'avril* ». Je ne comprends pas pourquoi : Marius est un garçon et nous sommes en Novembre.

Les fameuses deux heures s'étant écoulées, je demande à ce qu'on me dise ce qu'il en est. Une autre urgence s'est présentée et les médecins tentent de déterminer laquelle est la plus urgente. Quand on m'annonce que je dois attendre deux heures supplémentaires, j'en conclus que j'étais la situation la moins grave. C'est peut-être bon signe.

« C'est l'heure ».

Si je parvenais à ressentir les sensations normales de mon corps, je sais que j'aurais eu une boule au ventre. On déplace le lit et Thomas me suit. Ça y est, je vais faire la connaissance de mon fils, mais je ne sais pas de quelle manière. Je suis terrorisée. Ce n'était pas du tout l'image que je me faisais de mon accouchement. Je ne suis pas prête ! Je n'ai même pas eu le temps d'assister aux cours de préparation !

On me demande si nous avons fait une déclaration de naissance anticipée, comme nous ne sommes pas mariés. Je pense alors à ce rendez-vous que j'avais prévu de prendre à la mairie, le lendemain de mon rendez-vous pour avoir un arrêt de travail. Projet contrarié par mon hospitalisation. Thomas répond, devant une porte, que nous n'avons pas eu le temps.

« C'est ici que vos chemins se séparent ».

Je panique et pleure. Comment ça, Thomas ne peut pas venir ? Normalement, un papa peut assister à une césarienne ! Je ne peux pas le faire sans lui. Il m'embrasse et me dit qu'il m'aime et reste de son côté de la porte.

J'apprendrai plus tard que mon pronostic vital étant engagé, il ne lui était pas possible d'être présent dans le bloc. À vrai dire, je n'avais absolument pas réalisé que c'était moi qui était en danger. Toutes mes pensées n'allaient que vers mon fils.

Tout est gris dans le bloc, à l'exception des tenues des médecins, anesthésistes et infirmières. Je n'ai aucune idée du nombre de personnes présentes. Je suis sonnée, je ne comprends pas ce qu'il se passe.

On m'installe sur la table et on m'explique qu'une équipe attend mon fils dans une pièce attenante.

On commence à planter une aiguille dans mon dos. L'anesthésiste ne cesse de me dire « C'est bien, bravo madame, c'est parfait, vous vous en sortez très bien ! ». Je ne comprends pas, car je ne fais rien. Je subis.

Il poursuit en me demandant comment va s'appeler ce petit bonhomme. « Marius », j'arrive à articuler à demi-mot, si bien qu'il me demande de répéter. « Oh, mon fils s'appelle comme ça, il a 13 ans ». Là, tout de suite, je m'en fiche, mais je m'imagine MON Marius à 13 ans et cela m'apaise.

L'anesthésiste me conseille de me concentrer sur sa voix, de penser à un endroit apaisant, dans lequel je me sens bien et de respirer. Je le fais tant bien que mal, en pensant à cette plage de Bretagne où nous allions tous les étés, mais mes oreilles bourdonnent. C'est l'un des signes auxquels je devais prêter attention à cause de la pré-éclampsie. Je sens que je vais m'évanouir et rassemble les quelques forces que j'ai pour prévenir l'anesthésiste qui se tient en face de moi.

« C'est normal, ce sont les émotions, c'est violent ».

Je les sens me soutenir, m'allonger sur le côté. Je suis consciente mais ne maitrise pas mon corps. Je ne maitrise rien à vrai dire. Je ne suis qu'un corps qu'on manipule à sa guise et la blouse dont on m'a affublée ne sers absolument pas à préserver ma pudeur.

Je pense à mon ventre et à ce qu'il abrite. Mon bébé, mon Marius...

On continue à m'injecter le produit en m'indiquant de signaler si je le sens aller plus d'un côté que de l'autre. « Gauche, gauche, gauche ! ». Je sens le produit s'infiltrer, comme un venin. On me recroqueville, me fait replier davantage sur moi-même. On ajuste la position de l'aiguille.

On me replace sur le dos, les bras en croix, un drap en paravent. On me met une charlotte sur les cheveux en plaisantant sur le fait qu'ils n'ont pas à être les seuls à porter cet accessoire.

Les personnes qui m'entourent parlent de leur dernier repas, de restaurant, de tout et de rien. Leurs conversations futiles m'agacent et me rassurent : je suis en train de vivre le pire moment de ma vie et eux discutent de McDo ! Mais s'ils se le permettent, c'est que pour eux, c'est routinier, donc rien d'alarmant...

On me montre un bloc de glace qu'on pose sur mon bras : je dois dire si je le sens ou non. Je sens encore mes jambes, mais à mon grand étonnement, je ne ressens pas la fraîcheur au passage de ce bloc sur celles-ci, ni sur mon ventre. Je sens qu'on me touche, c'est tout. J'étais persuadée qu'une césarienne faisait qu'on ne ressentait plus rien à partir du bassin. Je me trompais.

Ils patientent et font une nouvelle vérification. Je ne ressens toujours pas le froid.

J'entends les médecins se mettre d'accord sur le type de césarienne qu'ils vont pratiquer, puis les mots , « 27 ans », « 27+1 SA », « Pré-éclampsie sévère », et enfin « 4h21, c'est parti ».

Je sens qu'on me manipule, mais rien de plus. Je garde les yeux fixés au plafond et me dis « Je recommencerai, je recommencerai ». Je veux d'autres enfants et ce n'est pas cette maladie qui m'en empêchera.

L'anesthésiste continue à m'encourager alors que je ne fais toujours rien.

« Et voilà ! », suivi, sans que je ne m'y attende, de petits cris. Je pensais qu'il était trop petit, trop fragile pour pleurer, mais non, il pleure. Mon fils est là, Marius est né. Nous sommes le 25 Novembre 2019, il est 4h25.

On me le présente rapidement avant de l'emmener dans la pièce à côté. Il est magnifique, « Un mini Thomas », je me dis.

Je m'attendais à ce qu'il soit plus petit, mais il est très maigre. Ce qui me frappe, c'est la finesse de ses traits et je reste focalisée sur son nez et sa bouche. Et ses cheveux ! Il en a plein ! Lui, de son côté, regarde autour de lui, d'un air perdu, comme pour dire « Mais que se passe-t-il ? J'étais bien, pourquoi vous me dérangez ? ».

Aucun son ne sort de ma bouche, je suis focalisée sur la sienne, sur son visage. Mon bébé, mon fils.

Des médecins s'occupent de lui, d'autres de moi. Nous ne sommes plus ensemble, nous ne sommes plus un tout. Le lien est rompu. J'ai le temps de demander un récipient pour vomir.

LA VIE

On me ramène dans la chambre à 5h. On a cependant pris le temps de me faire revoir mon fils en passant le haut de mon brancard par la porte attenante de la pièce où il se trouvait. À nouveau, je suis obnubilée par son nez et sa bouche.

Je n'ai plus de force, tout juste de quoi envoyer un message à Mallaury. « Je suis maman ».

Thomas assiste à l'installation de Marius. Quand il revient, nous sommes bouleversés, mais d'accord sur un point : il est magnifique. Nous sommes épuisés aussi. Thomas finit par rentrer pour que nous puissions tous nous reposer.

Le temps continue de s'écouler étrangement. Thomas revient alors que j'ai l'impression qu'il vient de partir. Il a prévenu nos familles.

Plus tard, ma mère m'expliquera n'avoir pensé qu'à moi, ayant eu peur de me perdre. Ce n'est qu'après qu'elle a réalisé que le bébé était né et a demandé de ses nouvelles, apprenant d'ailleurs que c'était un garçon prénommé Marius. Pour elle, j'étais la seule qui comptait, moi, sa fille. De mon côté, je ne pensais qu'à lui, mon fils. Ce doit être ce qu'une mère fait instinctivement : penser à son enfant en premier.

Je n'arrive pas à dormir, tellement je suis épuisée. Le bruit de la machine et les prises de tension n'arrangent rien.

Thomas navigue entre ma chambre et le service de réanimation, où se trouve Marius. Quand il y est, il m'envoie des photos, mais il est difficile de distinguer mon bébé parmi toutes les choses qui le maintiennent en vie. Il a rapidement été extubé, pour laisser place à un masque à oxygène minuscule qui tient à l'aide d'un bonnet spécial avec des sangles pour ajuster la position.

Je suis toujours sonnée, je ne réalise pas. Je sens mon ventre bouger, mais dois me raisonner et comprendre que ce sont mes organes qui se remettent en place. Les effets de l'anesthésie se dissipent.

On m'apporte un petit-déjeuner, puis un déjeuner légers auxquels je touche à peine. Je finis par me demander comment je vais faire pour aller aux toilettes et réalise que j'aurais dû avoir envie d'y aller depuis un moment. J'ai donc une sonde. Et un sac de sable sur le ventre pour éviter les hématomes apparement. Je ne le sens que quand on me le retire pour regarder en dessous. Là, j'ai mal, mais tout semble en ordre, aussi on me le repose délicatement et ça va mieux.

On me fais des injections dans les cuisses pour éviter de faire une phlébite (due à un caillot de sang, qui pourrait entrainer une embolie pulmonaire et empêcher l'oxygène de se diffuser dans l'organisme), des produits sont mis dans ma perfusion pour calmer la douleur et éviter les convulsions, on continue à me prendre la tension et à me faire des prises de sang. Je suis tellement épuisée et perdue que je me laisse faire, mais ressens une gêne au moment de la toilette.

On me demande si je souhaite allaiter Marius. Vue la date d'accouchement, j'étais persuadée que ça ne serait pas possible, mais on m'explique le contraire : c'est même très conseillé pour un prématuré. Il faudra utiliser un tire-lait. Tout me sera expliqué en temps voulu.

Des infirmières m'apportent d'autres affaires de mon autre chambre : livre, ordinateur, quelques affaires de toilette et le mouton en peluche ramené d'Irlande, que Thomas a apporté quelques jours avant.

Je ne touche à rien à part ma brosse à dents et réussis tant bien que mal à envoyer des messages pour prévenir quelques amis, mes collègues, ma sage-femme et mon médecin traitant de l'arrivée de Marius. Cela m'épuise, aussi je repousse à plus tard la réponse aux réponses reçues.

La journée passe et Thomas vient me voir une dernière fois avant de partir. Il me tend un sachet dans lequel se trouve le bonnet de fortune qui a été mis à Marius à sa naissance. Il m'explique lui avoir changé sa couche. Naïvement, je ne pensais pas que cela était possible. Les couches doivent être minuscules !

Il me montre également une photo de lui, tenant notre bébé dans ses bras. Thomas porte une blouse et un masque chirurgical, Marius est déposé dans une couverture et on distingue à peine son visage à cause du masque à oxygène. Et pourtant, malgré les circonstances, je vois dans le regard de Thomas à quel point il est fier.

Il rentre chez nous, sans nous. Nous sommes tous séparés alors je sers fort le bonnet de Marius et tente, en vain de me reposer.

Les machines font trop de bruit, ainsi qu'une autre patiente installée non loin de moi qui, quand elle ne soupire pas bruyamment, pleure ou ronfle.

J'ai des flashs de la césarienne qui me mitraillent la tête. J'ai tellement mal au niveau de ma cicatrice que je crains qu'elle ne s'infecte. J'ai peur pour mon fils et essaie de me rappeler les traits de son visage, mais je dois fouiller dans ma mémoire encore embrouillée ces quelques secondes de notre rencontre. Je pense à Thomas, Marius, Nobelle... à mon ventre aussi. Je suis seule.

J'essaie de dormir, mais je suis sans cesse réveillée par la voisine, le bip des machines et le bracelet du tensiomètre qui me prend la tension toutes les heures. J'ai très chaud aussi. J'avais déjà coupé le chauffage dans mon autre chambre, mais dans celle-ci, c'est impossible. J'arrive à négocier un brumisateur.

Le lendemain, on m'annonce que je dois me lever. J'ai mal, je me sens lourde et je sais que je n'y arriverai pas. Mais je comprends que plus vite j'y parviendrai, plus vite je pourrai aller voir Marius. Je pourrai aussi faire une toilette sommaire au lavabo. Je tente une première fois mais l'effort est trop intense : j'ai des vertiges alors que je ne suis même pas en position assise.

Je réessaie quelques heures plus tard et parviens à me mettre assise sur le bord du lit, mais les vertiges s'intensifient et après m'être aspergée à l'aide du brumisateur, je me rallonge, incapable d'en faire plus. Je sens que l'infirmière s'impatiente. Elle me presse, essaie de me motiver, mais ça ne fait qu'accentuer mon malaise : je me sens suffisamment coupable de ne pas y arriver, même pour mon fils ! Elle renonce à la toilette au lavabo et m'apporte le nécessaire sur la table roulante qui se trouve à côté de mon lit. En me regardant dans le miroir, je vois mes yeux, dénués de l'éclat que la grossesse m'avait apporté, mais étant donnés la peur, la fatigue et le stress que je ressens depuis quelques jours, je suis plutôt étonnée de mon reflet.

La psychologue arrive à ce moment là pour prendre de mes nouvelles. Très rapidement, je pleure : je n'étais pas prête, je ne comprends pas ce qu'il s'est passé, j'ai peur. Toutes les émotions me submergent tel un raz de marée que je laisse couler sur mes joues. Tant pis pour le reflet « pas si horrible » que je venais de constater.

Thomas, qui avait repris sa navigation entre nos chambres dès la première heure, sait que dès que j'arriverai à me lever, il pourra m'emmener voir notre fils. La troisième est la bonne. Je me mets debout et m'assieds aussitôt sur le fauteuil roulant. Avant de me ramener dans mon autre chambre, on me somme d'aller aux toilettes. Ce n'était pas dans le contrat, mais l'infirmière m'a bien fait comprendre que je n'avais pas le choix que de lui obéir. Je la hais à ce moment, mais plus tard, je comprendrai qu'elle suivait simplement la procédure et que tout cela était pour mon bien.

Une fois dans ma chambre, Thomas me propose de me reposer avant d'aller dans le service de réanimation. Je refuse : je n'ai pas fait tous ces efforts pour attendre davantage. Et me remettre sur mon lit m'en ferait faire d'autant plus ! Non, allons-y !

Pour se rendre dans le service, il faut traverser le couloir, prendre l'ascenseur, ouvrir une porte battante, traverser une cour, ouvrir deux autres portes battantes et enfin sonner à l'interphone pour se présenter.

Avec un fauteuil roulant, c'est très compliqué et le passage à l'extérieur pour affronter le temps de novembre nous motive peu. Il parvient à obtenir un autre trajet qui ne nécessite pas d'aller à l'extérieur, mais de prendre deux ascenseurs. Thomas s'applique à rouler doucement et d'amortir les éventuels chocs dûs aux défauts du sol.

Une fois arrivés, il nous annonce à l'interphone : « Ce sont les parents de Marius ». La porte s'ouvre, Thomas pousse le fauteuil à l'intérieur. Commence alors le rituel de l'habillage.

Il enfile des sur-chaussures et m'en met aux pieds. Puis il dirige mon fauteuil vers le lavabo le plus bas qu'il y ait, afin de m'aider à me laver les mains avant d'en faire autant. Il m'aide ensuite à enfiler une blouse et fait de même. Enfin, nous enfilons chacun un masque chirurgical. Avant de franchir la porte du vestiaire, nous nous frottons les mains avec du gel hydroalcoolique. Il m'emmène vers le service de réanimation et m'informe que Marius se trouve dans le box 3, avec deux autres bébés. La porte, décorée d'un lion, porte des étiquettes aux noms des trois bébés. Je vois celui du mien. Je vais le revoir.

La chambre comporte trois incubateurs recouverts d'une couverture. Ils sont entourés de machines, de câbles, de fils. Il m'emmène vers l'un d'eux, au fond de la salle, au nom de Marius. Sa soignante, en partageant les dernières nouvelles concernant notre bébé à Thomas, abaisse l'incubateur au maximum afin que je puisse le voir sans me lever. Au milieu de tout cela, je distingue une petite main, des pieds...

Thomas remet du gel hydroalcoolique et ouvre une des petites portes de l'incubateur pour saisir la main de notre fils. Il a l'air totalement à l'aise, comme s'il l'avait toujours fait.

« Tu peux le toucher ! ».

Je n'ose pas, mais j'en ai besoin. Est-ce bien mon fils qui se cache là-dessous ?

Au contact de sa main, je suis étonnée : sa peau est dure, mais chaude. Un peu rouge aussi.

Thomas me montre les feuilles de suivi indiquant son nom, sa date de naissance, son âge réel, l'âge gestationnel auquel il devrait en être s'il était encore dans mon ventre, son poids ainsi que toutes les constantes concernant l'oxygène, les tensions, les soins effectués, le poids de ses urines et selles, ses médicaments etc.... Il me montre également les différents écrans des machines, m'explique ce qu'ils indiquent, mais je suis trop fatiguée pour comprendre. Je remarque juste que c'est mon nom de famille que porte Marius et non celui de son père. Il faut qu'il aille rapidement le reconnaître à la mairie car je ne supporte pas mon nom de famille et refuse de l'infliger à mes enfants.

Tandis que Thomas et la soignante parlent, je dis à Marius que je l'aime, qu'il doit s'accrocher. Une larme coule sur ma joue.

Rapidement, je suis fatiguée. On me rappelle que je peux joindre le service et y venir (si je m'en sens capable), à n'importe quelle heure. Thomas me ramène dans ma chambre. J'ai la tête qui tourne, la douleur au niveau de ma cicatrice est violente et on doit encore prendre ma tension. On ne me donne plus que du paracétamol pour la douleur car les autres médicaments plus puissants qui pourraient me soulager passeraient dans mon lait. Je dois donc me contenter de cela, alors qu'on m'a ouvert le ventre moins de quarante huit heures auparavant.

Une sage-femme m'apporte un tire-lait et m'explique comment m'en servir. L'idéal étant de faire les deux seins en même temps afin d'envoyer un message au cerveau et de stimuler au maximum, toutes les trois heures, pendant environ quinze minutes. J'arrive à peine à tenir assise, je suis épuisée, j'ai mal, mais on m'explique qu'il ne faut plus perdre de temps et qu'il ne fallait pas que je m'inquiète : au début, très peu de lait allait sortir. Ça viendrait petit à petit, mais chaque goutte est importante.

Je tente d'apprivoiser la machine après le départ de Thomas. J'ai peur que ça fasse mal, mais non.

J'essaie comme je peux de tenir les deux biberons tout en restant assise dans une position qui me fait le moins mal au ventre possible, ce qui est très compliqué. La récolte n'est pas très bonne, mais effectivement, du lait est sorti. J'appose sur les biberons des étiquettes au nom de Marius et d'autres que je remplis avec mon nom, la date et l'heure.

L'infirmière vient prendre les biberons. Je mange un peu, ai à nouveau droit à des prises de tension et à un cachet de paracétamol, puis après avoir eu des nouvelles de Marius par Thomas et répondu à quelques messages, j'essaie enfin de dormir.

Thomas est allé reconnaître Marius à la mairie le lendemain matin, avant de venir nous rejoindre à la maternité. J'ai réussi à me reposer un peu, à tirer quelques gouttes de lait et même à prendre une douche ! Cependant, j'ai mal partout et je hurle dès que les infirmières m'approchent pour faire une énième prise de sang ou regarder mon ventre et ma cicatrice. Je n'ai toujours pas regardé celle-ci. C'est par là qu'on me l'a arraché.

Thomas passe au service de réanimation et revient vers moi avec une surprise : l'une des infirmières a pris une photo de Marius lors du changement de masque : je redécouvre donc enfin son joli visage, que je n'avais pas vu depuis sa naissance. Il est magnifique. Je pleure.

Nous recommençons notre rituel pour nous rendre auprès de Marius : fauteuil roulant, ascenseurs, vestiaires...

Aujourd'hui, on nous propose de faire du peau à peau. Cela a déjà été proposé à Thomas, mais il a souhaité me laisser vivre ce moment en priorité : il a été le premier à le prendre dans ses bras, il veut me laisser ce premier contact, il sait que j'en ai besoin.

J'ai peur : il est tellement minuscule, il a l'air tellement chétif.... J'ai peur de ne pas réussir à le tenir, de mal faire et, au fond, de ne pas vouloir toucher cette petite chose, ce petit oiseau tombé du nid qu'on prétend être mon fils.

Pourtant, lorsque sa soignante me propose de nous installer pour le peau à peau, ce n'est pas ma tête qui répond, mais mon cœur : un grand oui. Je m'installe tant bien que mal sur un fauteuil assez inconfortable qui réveille les douleurs encore bien présentes de ma cicatrice, malgré les médicaments. Je m'attache les cheveux, défais légèrement ma blouse, écarte mon débardeur tandis que l'infirmière prend Marius dans ses mains en faisant très attention à tous les fils auxquels il est branché. Je vois ses petites jambes maigres et la pensée du petit oiseau chétif me traverse à nouveau quelques secondes. Elle me le dépose alors sur la poitrine, ajuste sa position, le recouvre avec mon débardeur et ajoute une couverture. Je sens le poids de ce minuscule bébé, très léger. J'entends les bruits des machines, du respirateur et puis, tout à coup, Marius bouge son pied sur mon ventre et je retrouve ce mouvement qu'il faisait tout le temps quand il était à l'intérieur. Et il le refait. Il bouge et me fait retrouver ces sensations que je pensais perdues à jamais. C'est bien lui, mon bébé, celui qui grandissait en moi il y a encore quelques jours. Je l'ai retrouvé. Le lien est rétabli. Thomas immortalise ce moment.

Quand je raconte ce moment à ma mère, elle trouve un surnom à Marius. À partir de maintenant, elle l'appelle son « petit colibri », le plus petit oiseau du monde.

Tous les messages que nous nous envoyons ce soir là avec Thomas sont empreints de force, d'admiration, d'épreuves à surmonter ensemble, mais par-dessus tout, d'amour.

Je reste hospitalisée encore quelques jours, afin de surveiller mon état et de s'assurer que la prééclampsie s'en est allée. J'ai encore très mal et j'envie ces mamans du service que je vois courir, presque voler vers la chambre de leurs petits. Certaines ont eu une césarienne une semaine plus tôt et semblent s'en être parfaitement remises. J'ai l'espoir d'être capable, moi aussi, de « voler » ainsi vers la chambre de Marius dans une semaine, mais la douleur est telle que je n'y crois qu'à moitié.

Je dors mal, ne sachant dans quelle position me mettre pour ne pas souffrir ou ne pas avoir peur que mon ventre s'ouvre. Des flashs de l'accouchement me reviennent sans cesse et je me mets à trembler et à pleurer. Thomas me propose de lui raconter, afin d'évacuer. Cela a été dur, mais effectivement, bénéfique. Mon traumatisme s'évapore doucement, au fur et à mesure que les mots sortent de ma bouche.

Puis, il me propose de me raconter sa version de l'accouchement, comment il est resté dans une pièce, la peur au ventre de nous perdre tous les deux, l'attente interminable, le soulagement, la rencontre... Nous avons vécu des expériences bien différentes, mais aussi intenses.

Mon ventre, mes bras, mes jambes, mon corps tout entier est meurtri : il est tellement couvert de bleus que les infirmières ne savent même plus où piquer pour me faire les prises de sang et les injections. J'ai aussi très mal au dos.

Une fois, la douleur est telle que Thomas me propose de me masser. Après avoir réussi à trouver une position supportable, mes larmes coulent à mesure qu'il soulage mon corps : c'est la première fois depuis que je suis hospitalisée qu'on me touche sans me faire mal.

Les sages femmes me pressent de tirer davantage mon lait afin de stimuler et produire suffisamment. Je suis épuisée, j'ai mal partout, mais je me dis que c'est pour Marius. Tout ce que je fais, c'est pour lui. Si je marche, si j'essaie de me tenir droite, si je prends sur moi malgré l'extrême douleur, c'est pour lui.

Mes journées sont toujours ponctuées par les prises de tension (trois fois par jour pendant une heure), mais aussi par les repas, les tirages de lait et, par-dessus tout, les moments auprès de Marius. Ce sont les plus doux, malgré les machines et l'angoisse. Dès que possible, je vais le voir avec Thomas, puis, au fur et à mesure que ma motricité revient, sans. Il m'arrive d'y aller le soir ou même dans la nuit.

Quand c'est possible, je fais du peau à peau. Une fois, j'ai chanté pendant presque une heure les chansons qu'il entendait quand j'étais enceinte. Il me semble que ça lui a plu.

Nous lui lisons également des livres et apprenons à lui changer ses couches au travers de l'incubateur.

Régulièrement, nous l'entendons pousser des petits cris, comme les miaulements d'un chaton.

Nous entendons aussi des bruits de couloir : beaucoup parlent de Marius, du fait qu'il n'ait pas du tout la tête d'un prématuré, que ses traits sont très fins. Il y aurait même un concours des plus beaux bébés du service : il est premier.

Il ressemble à son père : il a le même nez, les cheveux foncés, ses oreilles (bien que le cartilage ne soit pas encore formé)... Il a tout de même mes yeux, du moins la forme, car il est difficile d'en discerner la couleur.

Des soignantes qui ne se sont jamais occupées de lui viennent l'admirer et nous recevons beaucoup de compliments. Finalement, ce n'est peut-être pas mon opinion de mère qui m'influence : il est réellement magnifique.

Après différents examens, je suis autorisée à rentrer à la maison. Une infirmière libérale devra venir me faire encore quelques injections et vérifier ma tension. Il faudra également refaire une prise de sang et d'autres examens, mais je peux rentrer. J'ai hâte, bien que rentrer m'empêchera d'aller aussi souvent voir Marius, mais je ne supporte plus cette chambre, cette nourriture, ce manque de Thomas, de Nobelle, de ma maison. Voir du monde me fera du bien également : j'ai refusé la moindre visite après l'accouchement.

Le retour est très difficile : lorsque je suis partie, j'étais enceinte et me voilà, le ventre vide, sans bébé dans les bras. Je pleure énormément. J'ai besoin de lui.

Thomas fait tout pour me faire retrouver le sourire, s'occupe de tout dans la maison et de toutes les formalités pour l'infirmière libérale, la location du tire-lait, le changement en pleine nuit dudit tire-lait car le modèle reçu semblait vouloir m'arracher la poitrine, les courses, les repas, etc...

Nobelle aussi fait de son mieux. Après avoir passé plusieurs jours à chercher quelque chose, à regarder sur tous les meubles, à fouiller dans toute la maison à la recherche de ce qui se préparait depuis des mois, à se demander où il est, elle cesse peu à peu et se colle à moi. Elle me suit comme mon ombre et ne me lâche plus.

Petit à petit, j'arrive à me déplacer, à reprendre mes esprits et des forces. Quoique. Une semaine après l'accouchement, je tire suffisamment de lait à chaque fois pour remplir un biberon. J'ai tout le temps faim et soif, je maigris à vue d'oeil. Thomas et moi nous rendons tous les jours à la maternité. Au départ, je pensais avoir du temps pour me reposer, quitte à ne pas y aller quotidiennement, mais il nous est impossible de rester éloignés de Marius trop longtemps.

Une nouvelle routine s'installe : je suis réveillée régulièrement par des réveils pour tirer mon lait, toutes les trois heures. Je retourne me coucher puis, au réveil suivant, quand il fait jour, je prends mon petit-déjeuner pendant que Thomas appelle le service pour savoir comment la nuit s'est passée. Nous nous rendons ensuite auprès de Marius. Thomas regarde toujours les machines, les feuilles de suivi, parle aux soignants et médecins... Moi je regarde mon fils.

Thomas a ce besoin de contrôle, de concret. Il lui faut des statistiques, des données, des chiffres sur lesquels s'appuyer. Moi j'ai besoin de voir mon fils en vie. C'est d'ailleurs pour cette raison que c'est toujours lui qui appelle le service, matin et soir, car je n'en ai pas la force et que le peu de fois où je le fais, je ne demande pas toutes les informations dont Thomas a besoin pour se rassurer : à combien est l'oxygène ? La tension ? Combien de grammes d'urine ? Etc... Moi, je me contente du fait qu'il soit vivant.

Dans le service, il y a une salle d'allaitement où je peux à nouveau tirer mon lait et le donner directement au lactarium. Après avoir passé la journée avec Marius, nous repartons en général en fin d'après-midi. Je tire à nouveau à la maison, je remplis mon petit carnet des évènements de la journée, nous mangeons, je tire, nous regardons la télé ou je m'endors, le réveil sonne encore pour tirer, Thomas appelle le service pour prendre des nouvelles de Marius, nous allons nous coucher et ça recommence.

Tous les deux ou trois jours, j'arrive ainsi à fournir une quinzaine de biberons congelés étiquetés au service de réanimation.

Marius n'est toujours pas nourri par mon lait : il est trop petit pour l'assimiler « pur », il faut donc le faire stériliser. C'est frustrant de faire tout ça alors qu'il n'en profite pas encore. Et pourra-t-il en profiter ?

Certes il est né trop tôt, il est donc petit et léger, mais nous découvrons au fil des jours les conséquences de la prématurité. Outre son besoin d'aide respiratoire et sa sonde alimentaire, le cœur de Marius a un problème : son canal artériel n'est pas refermé et cela perturbe son organisme. De plus, son ventre grossit étrangement. Tout est surveillé de près, des traitements sont proposés, mais si le canal artériel ne se ferme pas, il faudra l'opérer.

Nous enchainons les rendez-vous avec les pédiatres et je me retrouve dans la situation des réunions parents-professeur, mais je suis le parent cette fois.

Les jours passent et l'état de Marius se dégrade. Nous ne comprenons pas pourquoi l'opération n'est pas réalisée : si son état se dégrade, c'est à cause de ce canal artériel ! Mais les médecins nous expliquent qu'ils ne l'opèrent pas tout de suite car ils craignent qu'il ne survive pas, étant donné qu'il est de plus en plus faible. C'est un cercle vicieux. Nous sommes perdus. Heureusement que la psychologue vient nous voir régulièrement.

Un soir, on nous annonce à notre grand étonnement (ainsi qu'à celui des médecins qui, les différents traitements se révélant être inefficaces, prévoyaient une date d'opération), que le canal s'est refermé.

Marius va aller mieux maintenant, il a réalisé un miracle.

Ma mère et ma sœur viennent nous rendre visite le week-end suivant. Elles arrivent chez nous alors que nous sommes avec Marius. Ça me fait énormément de bien de les revoir.

Thomas est étrange toute la journée. Pour lui quelque chose ne va pas. Malheureusement, il a raison et la joie de revoir ma famille est de courte durée.

Nous recevons un appel de la maternité en pleine soirée : Marius doit être opéré en urgence. Non, le canal artériel est toujours fermé, c'est son ventre le problème. Il va être transféré à l'hôpital d'enfants. Après avoir préparé quelques affaires et le tire-lait, nous nous y rendons. Thomas a un peu bu, je dois donc prendre le volant. Maman et Juliette gardent la maison et la chienne.

« Ça va aller ? » me demandent-elles.

« Pas le choix », je réponds en fermant la porte. Elles ont tenté de contenir leurs larmes, mais j'ai le temps d'apercevoir l'une d'elles rouler sur la joue de ma sœur avant de refermer la porte d'entrée.

Je conduis pour la première fois depuis environ trois semaines, en pleine nuit, pour me rendre dans un hôpital où mon fils prématuré âgé de onze jours va se faire opérer. Je suis terrorisée, mais mon esprit semble être calibré en mode survie. Je suis en pilote automatique. Je reste concentrée sur la conduite pour ne pas me laisser submerger. Nous arrivons quelques minutes avant l'ambulance. Nous voyons l'incubateur contenant notre fils passer et on nous conduit dans un couloir, à l'étage.

Un anesthésiste vient nous expliquer qu'il va s'occuper de Marius. Il ne semble pas serein et nous avoue que c'est très risqué : il est très petit et l'anesthésie est donc extrêmement délicate. Il fera ce qu'il peut.

Quelques temps plus tard, heureusement, la chirurgienne vient à notre rencontre. Ses paroles sont plus rassurantes : ils vont ouvrir pour voir ce qu'il se passe. Deux cas de figure vont se présenter : ou ses intestins ne sont pas trop atteints et ils pourront retirer la partie abîmée et refermer, ou il faudra faire une sorte de déviation « à la peau ». Elle ne semble pas stressée, cette situation est courante chez les prématurés et son geste n'est pas long. Ce qui va l'être, c'est l'anesthésie car, en effet, c'est très difficile à déterminer, vu son âge et son poids. Ce sera donc long, mais c'est pour son bien.

On nous propose d'attendre à l'accueil, mais il y a trop de monde en attente. Nous préférons rester dans le couloir où nous sommes seuls, mais proches de lui. Il n'y a rien qu'un banc pour s'asseoir. Nous marchons, nous asseyons, marchons encore. Je dois tirer mon lait et le fait donc dans le couloir désert. Thomas sort un peu, moi j'essaie de m'allonger : j'ai toujours mal au dos et le banc n'arrange rien. Je m'allonge à même le sol, me lève, m'assieds, m'allonge à nouveau. Je prie, « Sauvez mon bébé, sauvez mon Marius », bien que je ne sois pas croyante. Alors je parle en pensées à Marius, lui dis de tenir bon, que je l'aime de tout mon cœur. Je sers de toutes mes forces une pierre : une amétrine achetée un peu avant de tomber enceinte. Je l'avais mise dans ma poche et lui adressais ma reconnaissance à chaque fois que mes doigts la frôlaient. Cette pierre, étant un mélange entre l'améthyste et la citrine, est violette et jaune . J'ai découvert que la pierre de naissance de Marius, du mois de novembre donc, est la citrine. Les couloirs dans lequel nous nous trouvons est jaune. Le bonnet qu'ils lui ont mis pour venir est jaune. C'est sa couleur. Ça va aller. Il faut y croire.

Au bout d'une attente qui nous a parue interminable, un médecin vient nous voir. Nous ne comprenons absolument rien à son langage trop médical pour nous, malgré nos demandes de reformulation. Cependant, je retiens une chose : il est vivant, sinon, cet homme ne nous sortirait pas tout ce jargon. J'appelle donc maman pour la rassurer.

Nous pourrons voir Marius, mais il doit être réinstallé dans son incubateur avec toutes les précautions nécessaires. Nous devons donc encore attendre, ce que nous décidons de faire dans ce même couloir, dans l'espoir de revoir la chirurgienne.

Elle nous retrouve plus tard et nous explique ce qu'il en est. Il a fait une entérocolite nécrosante. L'opération s'est bien passée, mais en effet, ses intestins sont très abîmés. Il a donc fallu faire cette fameuse déviation qu'on appelle une stomie (elle nous explique cela à l'aide d'un dessin) et placer des « lames » sur les côtés de son ventre pour drainer son organisme. Cela lui permettra d'évacuer les déchets, tout en laissant une chance à son système digestif de se « réparer ». Il a donc un partie de son intestin qui sort sur le côté de son ventre et qui se vide dans une poche. Une nouvelle opération sera donc réalisée plus tard, dans quelques mois, pour tout remettre en place. Elle nous laisse ensuite, en précisant qu'elle était à notre disposition pour d'éventuelles questions.

On nous emmène dans une salle d'attente pour les parents d'enfants hospitalisés. Il est 5h du matin quand on nous autorise enfin à voir notre fils. Les quarante huit prochaines heures vont être déterminantes.

À l'hôpital pour enfants, les règles sont moins strictes. Les grands-parents peuvent venir. Ma mère n'étant là que pour le week end, nous lui proposons de venir voir Marius et les parents de Thomas viendront un autre jour. Elle en pleure.

Alors que nous étions en chemin, on nous appelle pour nous dire que l'état de Marius est suffisamment stable pour qu'il retourne à la maternité, où il sera mieux suivi en tant que prématuré. Nous demandons tout de même à ce qu'ils nous attendent pour que ma mère et ma sœur puissent l'apercevoir pendant le transfert.

Lorsqu'elles voient passer le lit, agrémenté de toutes les machines et des tuyaux, elles sont impressionnées, mais en voyant Marius, les larmes coulent. « Il est tellement petit... mais tellement bien proportionné et tellement beau... ».

Les jours qui suivent sont rassurants, Marius est stable, bien qu'épuisé. Les tensions sont bonnes, il évacue bien grâce aux « lames » et à la stomie et continue d'uriner. Il est nourri par sonde de nutrition. Plus de lait pendant minimum vingt et un jours, malgré ma production de plus en plus riche.

Il a été placé dans une chambre seul, nous sommes donc plus tranquilles. Cependant, nous ne pouvons plus le prendre dans nos bras. Nous lui lisons donc des livres, lui faisons écouter des musiques... Nous tentons de faire tout notre possible pour lui faire sentir notre présence.

Un soir, en rentrant de la maternité, nous entendons à la radio la chanson de Jean-Louis Aubert « *Bien sûr* ». Nous l'avions déjà entendue, sans l'écouter. Là, nous avons écouté et les paroles nous représentaient tellement...

« Bien sûr mon amour, on va traverser,
Bien sûr mon amour, faut pas douter,

Bien sûr mon amour, on va y arriver,

On s'aime si fort ensemble, on va gagner ».

Alors dès le lendemain, je créé un nouveau rituel. Chaque jour, je place une main sur sa tête et l'autre au niveau de ses pieds. La musique résonne dans la chambre et je concentre toutes mes forces, toutes mes ondes positives, tout mon amour dans mes mains pour lui transmettre.

Petit à petit, il recommence à s'agiter, à bouger. Les médecins n'emploient plus de mots inquiétants, n'ont plus cet air concerné qu'ils affichent en permanence d'habitude. Si ça continue ainsi, ils pourront l'extuber et revenir sur le masque à oxygène qu'il avait avant son opération.

Cependant, les soignants s'enchainent et nous faisons la connaissance d'une soignante assez désagréable, froide, presque robotique. À l'inverse des médecins qui se montrent de plus en plus optimistes, elle utilise des mots angoissants, inquiétants. Elle est en désaccord avec eux, parle « d'état critique »... Et ne réagit même pas en me voyant pâlir, m'asseoir, avoir du mal à respirer tant ses mots résonnent en moi.

Heureusement, les jours qui suivent voient les résultats s'améliorer. Les sédatifs sont baissés, Marius est extubé et les « lames » commencent à être retirées, à raison de quelques millimètres par jour. Il nous éblouit et Thomas ne cesse de me dire que c'est moi qui lui ai transmis ma force. Peut-être que les épreuves subies auparavant n'ont été placées sur mon chemin que pour me rendre plus forte et surmonter celle-ci, tout en transmettant les forces acquises au fil du temps à mon fils ?

Les jours passent. Nous apprenons à le connaître au travers de son berceau fermé. Nous lui mettons de la musique : Le lac des Cygnes, la Walkyrie, Debussy, mais aussi Aznavour, Armstrong et Fitzgerald, Piaf, Sinatra ou encore David Bowie, Johnny Cash, Bob Dylan... Parfois, il bat la mesure avec son pied.

Il semble apprécier Casse-Noisette et je n'oublie jamais de réaliser notre rituel avec la chanson de Jean-Louis Aubert.

Nous lui lisons des livres, lui apportons un petit sapin en bois qui s'allume afin d'égayer la pièce. Il a beaucoup de succès !

Nous lui faisons des caresses sur les cheveux et sa réaction apaisée nous confirme qu'il a les mêmes goûts que nous : il adore ça !

Le taux d'oxygène est baissé petit à petit afin d'approcher aux maximum du taux « normal », naturel de 21%. Cependant, il se fatigue beaucoup pendant les soins et sa voie centrale, posée lors de l'opération, semble obstruée. Il va falloir la changer, mais le masque à oxygène et les médicaments le font gonfler. Il est très œdémacié, si bien qu'on distingue de moins en moins ses traits et que les médecins éprouvent beaucoup de difficultés à changer sa voie centrale.

Ils finissent par le réintuber car il se fatigue trop pendant les soins, mais malgré cela, les œdèmes sont toujours présents : il n'arrive plus à bien évacuer. Des médicaments lui sont donnés pour l'aider et ils font effet. Il a aussi droit à des massages du dos et de la tête pour déplacer les œdèmes et je le soupçonne de faire exprès, rien que pour y avoir droit !

Le 17 décembre, je craque. Marius n'est pas toujours stable, mais les tensions et la diurèse sont bonnes. Cependant, les médecins ont remarqué un saignement dans son cerveau. Il y a quatre stades et il en est au deuxième. Rien d'alarmant, il peut se résorber... Mais nous avons demandé ce qu'il se passerait si on atteignait le stade 3 ou 4 et la réponse m'a terrorisée : si cela advenait, les médecins seraient amenés à nous demander s'ils continuent les soins ou non.

Ils tentent de nous rassurer en nous disant que nous n'en sommes pas là et qu'ils sont confiants, mais c'est trop tard : ils ont dit les mots qui me hantent, qui me terrorisent, qui me brisent. Nous demandons ce que nous pouvons faire pour l'aider :

« Être présents. Vous l'aidez déjà beaucoup. S'il est encore là, c'est en grande partie grâce à vous. Vous pouvez également lui apporter un doudou... »

Je vais m'isoler dans la salle d'allaitement du service, car je dois continuer malgré tout. Thomas me rejoint. Je pleure, je m'excuse. Tout est de ma faute. Thomas verse lui aussi quelques larmes, mais il me rassure, m'apaise, me dit que nous sommes ensemble, qu'il nous aime, que Marius est la plus belle chose qu'il n'ait jamais vue de sa vie et qu'il l'admire.

« Il a une telle volonté de vivre »...

Entre la fatigue, le stress, et les douleurs liées à l'allaitement (depuis quelques jours j'ai des engorgements qui me font souffrir le martyre, à tel point que je dors encore moins et que j'arrive à peine à bouger les bras), je craque. J'ai trop mal, je n'en peux plus. Je veux arrêter car j'ai peur qu'il ne puisse jamais boire mon lait. À quoi bon souffrir autant alors ?

Nous allons donc voir la conseillère en lactation qui était déjà venue dans ma chambre après l'accouchement et qui m'a aidée à trouver des solutions pour tenter d'éliminer les engorgements. Je lui demande les médicaments pour arrêter, mais elle m'annonce que c'est impossible : ces médicaments (qui ne sont plus proposés) ne sont efficaces que pour les mamans qui viennent d'accoucher et décident de ne pas allaiter. Je suis trop avancée dans mon allaitement, il n'est donc possible d'arrêter que progressivement.

En repartant, Marius a les yeux grands ouverts. Il saisit le doigt de Thomas et nous regarde, intensément, chacun. Il n'a pas son regard noir ou en coin qu'il lance toujours aux soignantes quand elles « l'embêtent ». Non, il nous regarde *vraiment*. Son père traduit cela par un « Ne vous en faites pas Papa et Maman, ça va aller ».

La nuit portant conseil, je décide de ralentir l'allaitement, mais pas d'arrêter. Après tout, c'est ce qui me raccroche à mon rôle de maman, moi qui n'ai pas le sentiment de l'être.

Je n'ai pas réussi à mener cette grossesse à terme. Mon corps nous a trahis, alors il peut au moins faire ça. Et d'ailleurs, de ce côté, il fonctionne très, voire trop bien : la conseillère en lactation a regardé mon dossier.

Au niveau de la composition, mon lait est parfait et concernant les quantités... J'en suis à treize litres en trois semaines. Marius a donc de quoi faire jusqu'à la fin de son hospitalisation, voire même après. Elle souligne que c'est assez impressionnant, encore plus pour une maman de prématuré. La psychologue du service me le confirme.

Nous lui apportons un doudou. Celui-ci sera désinfecté par la blanchisserie de la maternité avant de pouvoir être placé auprès de Marius, dans un sachet en plastique.

Aujourd'hui, j'ai l'impression d'être la patiente. Tout le monde est aux petits soins avec moi, tente de m'apaiser, de me parler... La psychologue me rassure sur mon attitude et mon rôle de mère et sur le fait que je ne dois pas culpabiliser. La pédiatre qui nous a parlé du saignement vient elle aussi me voir pour me dire qu'elle est navrée et qu'elle ne pensait pas m'atteindre autant. Elle emploie des mots rassurants pour tenter de m'apaiser.

Et le soignant de Marius, F...

Les jours passants, nous avons rencontré plein de nouveaux soignants : une autre maladroite qui nous annonce des nouvelles qui ne concernent finalement pas notre bébé, nous faisant avoir des frayeurs inutiles (nous en avons déjà bien assez), mais aussi des soignantes adorables dont un exceptionnel. C'est lui qui est là aujourd'hui et qui tente lui aussi de nous rassurer.

Il prend des initiatives et, en accord avec la pédiatre, la décision est prise de me mettre Marius dans les bras au bout de plusieurs jours sans contact. Nous en avons autant besoin l'un que l'autre, étant chacun le traitement essentiel à notre survie.

C'est toute une organisation entre les câbles et les tuyaux qui, ensemble, pèsent plus lourd que Marius lui-même, mais au bout d'une dizaine de minutes, mon fils et moi sommes réunis. J'en pleure, alors qu'il me regarde avec ses grands yeux. La pédiatre s'exclame « Oh, il est bien là ! Il a l'air de vous en raconter des choses ! », puis, aux autres personnes présentes dans la pièce « C'est incroyable l'effet que ça leur fait ». Puis, je n'écoute plus, savourant ce moment, cette bulle dans laquelle nous sommes tous les deux, enfin.

Les jours qui suivent sont plus doux : les lames ont été entièrement retirées, il est extubé, les sédatifs sont arrêtés (bien qu'il risque d'être en manque). Les machines sont de moins en moins nombreuses.

Nous lui donnons de plus en plus de petits surnoms. Petit à petit, je passe des classiques « mon bébé », ou « mon amour », à d'autres plus personnels, plus cocasses : « mon petit lapin en sucre », « mon petit cœur tendre » car j'aime leur sonorité lorsque je les prononce.

Malheureusement, ce répit est de courte durée. Il est rapidement en manque de sédatifs. Malgré un nouveau peau à peau (au cours duquel je réalise à quel point il a grandi), puis un « câlin » (dans les bras), il a dé-saturé en oxygène et sa fréquence cardiaque a augmenté. Quelques sédatifs lui sont donc remis, afin de le sevrer petit à petit.

Le lendemain, je me rends seule à la maternité : Thomas a besoin de souffler, lui qui a dû gérer tellement de choses depuis mon hospitalisation et cet accouchement prématuré. Il use de forces incroyables pour me soutenir, me rassurer, me calmer et aider lui aussi son fils à se battre. Car les médecins sont formels : il n'a pas un parcours facile, mais s'il se bat, c'est en grande partie grâce et pour nous.

Marius a une transfusion de plaquettes.

Une pédiatre partie en congés avant que le canal artériel de Marius ne se referme vient me voir pour me faire part de son admiration pour lui : elle ne pensait pas qu'il survivrait à une opération du cœur. Le fait d'avoir fermé son canal, d'avoir supporté une opération des intestins à onze jours de vie et de continuer à se battre malgré tout ce qu'il a subi fait qu'il épate tout le monde.

Mon cœur de maman se gonfle de fierté. Je lui lis à nouveau des histoires, lui fais écouter des musiques et alors que je le porte dans mes bras, j'imagine la vie qui l'attend en dehors de cet hôpital. J'en imagine chaque étape, même celles que je ne suis pas sensée vivre, trop âgée pour être encore de ce monde. Et je lui raconte, à travers des larmes de joie et d'espoir que la vie, ce n'est pas ce qu'il connait jusqu'à présent.

Il n'y aura plus de bips de machines, plus de berceau fermé, plus de séparation entre nous. Il aura sa propre chambre, ses vêtements, ses jouets, ses peluches. Il aura aussi sa chienne, Nobelle, qui l'attend à la maison. Et nous, ainsi que le reste de sa famille, ses grands parents, ses tantes et oncles, ses cousins, nos amis, tous ceux qui attendent avec impatience de faire sa rencontre. Et il grandira, il connaîtra la chaleur des rayons du soleil sur sa peau, la sensation du vent, l'humidité des gouttes de pluie, la fraicheur de la neige. Il apprendra à marcher, à parler, ira à l'école, développera ses goûts, fêtera ses anniversaires... et puis un jour il tombera amoureux et peut-être qu'il voudra se marier, avoir des enfants, puis des petit-enfants... « Tout se passera bien, mon amour ». Je le lui promets.

Le 24 décembre, les soignants ont décoré la chambre de Marius avec des boules de Noël personnalisées.

Je l'ai dans mes bras et nous lui faisons écouter des chants de Noël. Et alors que je chante « *We wish you a merry Christmas* », notre fils nous fait le plus beau des cadeaux : il sourit. Le même sourire que son père.

Le soir, nous arrivons à fêter le réveillon, malgré la distance nous séparant de notre fils. Il va bien. Je porte la robe de grossesse que j'avais achetée pour l'occasion. C'est ce que je devais porter s'il était encore dans mon ventre, je la porte donc pour lui.

Le lendemain, le père Noël a laissé à Marius un doudou. À nous, il a laissé une bonne et une mauvaise nouvelle : la mauvaise étant qu'il refait une nouvelle infection (ça devient courant malheureusement). La bonne, et nous allons rester là-dessus, est que le saignement au niveau de son cerveau se résorbe.

Marius est réintubé le lendemain à cause de l'infection. Les médecins pensent que ces infections sont dues à la voie centrale. Il supporte de moins en moins d'avoir quelque chose pour l'aider à respirer et le fait savoir. C'est tellement dur de le voir pleurer sans bruit, à cause du système d'intubation qui empêche le son de sortir... Il essaie sans arrêt de retirer les tuyaux.

Nous avons droit à un compte rendu complet de son état. Oui il y a du positif, mais ils envisagent tout ce qui pourrait se passer, quitte à nous plomber le moral.

Le saignement au niveau de son cerveau s'est arrêté, mais son état étant instable, il pourrait reprendre. Son canal artériel pourrait se rouvrir pour la même raison.

Ayant eu un mois, un fond d'oeil a été réalisé. Il est bon, mais vus ses antécédents, il ne le restera probablement pas longtemps. Un poumon est mal développé (bronchodysplasie), il va donc recevoir à nouveau des corticoïdes.

L'alimentation pourra bientôt être reprise, mais ils ne veulent pas se précipiter.

Ils vont même jusqu'à parler de la seconde opération qui n'est absolument pas à l'ordre du jour, uniquement pour nous parler des éventuels problèmes qu'ils pourraient rencontrer.

Ils nous préparent aux pires scénarios alors que nous avons envie d'entrevoir du positif. Nous savons qu'il y a encore du chemin à parcourir et que son pronostic vital est toujours engagé, mais ça fait un mois que nous vivons des montagnes russes. Un peu de positif nous ferait du bien.

La journée suivante nous replonge encore plus dans l'horreur. Elle avait pourtant bien commencé : l'infection diminue, la pose d'un cathéter s'est bien passée et un chirurgien de l'hôpital d'enfant doit venir plus tard dans la journée pour retirer la voie centrale posée durant l'opération.

Nous décidons donc de venir plus tard, afin que ce dernier puisse faire son travail sans que nous n'ayons à attendre dans le couloir. Malheureusement, il arrive en même temps que nous. Nous avons donc dû attendre et à notre retour, l'oxygène avait été monté à 100%. Il est par la suite baissé, mais Marius demeure instable, les machines bipent de partout. Thomas me dit de sortir. Je pleure devant sa chambre. Thomas me rejoint et on nous installe dans cette fameuse pièce dans laquelle nous avons nos rendez-vous avec les médecins. Je déteste cette pièce, on n'y entend que des mauvaises nouvelles.

Une pédiatre nous dit que cette réaction était prévisible et qu'il a eu une grosse journée... Mais elle revient peu après pour nous annoncer qu'il semble avoir fait des convulsions. Celles-ci pourraient avoir été causées par un médicament, mais pour vérifier, ils vont devoir lui faire une échographie et lui poser des électrodes pour vérifier l'activité cérébrale.

J'imagine le pire : un nouveau saignement, l'absence d'activité cérébrale, la fin... Mais non, pas de saignement et les électrodes sont là pour surveiller d'éventuelles convulsions.

J'ai beaucoup de mal à me calmer, mais Thomas a encore une fois énormément aidé. Il reste calme et me rappelle le jour précédant l'opération de Marius : le seul au cours duquel il s'est senti mal et angoissé.

Son instinct de père ne l'avait pas trompé : quelque chose n'allait pas.

Aujourd'hui, il reste calme. Il tente donc de me rassurer en me disant « Regarde-moi. Ça va aller. Dis-toi que si je ne panique pas, c'est que ça va aller ».

Nous ne sommes pas venus au bon moment ce jour-là. Quand nous repartons, F., le soignant de Marius, arrive pour prendre son service de nuit. C'est lui qui va s'en occuper. Je pense qu'il s'attache à lui.

Marius se stabilise petit à petit. Il reprend des forces. Nous ne pouvons qu'attendre.

Thomas dit que s'il se bat autant et qu'il est aussi fort, c'est grâce à l'amour.

D'autres problèmes viennent malgré tout s'ajouter à la liste : le potassium, la diurèse qui n'est à nouveau pas très bonne... Une sonde urinaire est posée. Les médecins disent à nouveau ce mot que j'exècre : « inquiets ».

Des soignantes s'étant occupées de Marius mais ayant changé de service viennent le voir, nous parler, nous transmettre leur soutien. Malgré tout, il fait craquer (presque) tout le monde. Une soignante nous révèle qu'il est la mascotte du service.

Le 30 décembre, Thomas reprend le travail, son congé spécial pour enfant hospitalisé prenant fin. Nous aurions dû réaliser la dernière échographie, celle du 3ème trimestre...

Au lieu de cela, je me rends à la maternité pour constater que son état s'améliore légèrement.

Le potassium est redescendu et il a même fait sa première « bêtise » : il a fait sauter sa sonde posée la veille, inondant son incubateur d'urine.

Petit à petit, les médicaments sont moins nombreux, il est extubé, les constantes sont bonnes. Il a droit à des séances avec une kiné pour surveiller son développement moteur. Il fait de plus en plus de sourires et je l'entends même produire des sons nouveaux : alors que je chante, je l'entends presque siffler, comme s'il chantait lui aussi. Je le surprends même à avoir comme un éclat de rire.

Le réveillon du nouvel an se passe donc en douceur. Nous souhaitons très fort que cette nouvelle année nous apporte le bonheur.

« 2020, l'année où tout va bien », espère-t-on.

L'année commence donc, pleine de nouveautés. L'alimentation est enfin reprise, Marius va donc pouvoir enfin boire mon lait, pour la première fois. On nous propose aussi de lui faire une petite toilette, au gant, le bain étant un peu compliqué avec la stomie. Thomas étant au travail, je me charge de cette nouvelle expérience.

C'est un moment agréable que Marius semble apprécier, notamment pendant le shampoing, lorsque de l'eau lui est versée sur la tête pour rincer ses cheveux. D'ailleurs, ceux-ci éclaircissent de plus en plus, tirant vers le blond foncé, ma couleur. Nous remarquons aussi une tâche au niveau de son cou : il s'agit d'un hémangiome, une tâche de naissance que la plupart des prématurés développent, en particulier ceux dont la mère a fait une pré-éclampsie. Elle devrait grossir jusqu'à ses 6 mois environ et se résorber peu à peu jusqu'à ses 2 ans, pour ne laisser qu'une légère marque.

Les derniers examens sont bons. Nous nous relayons avec Thomas : je passe la journée avec Marius et son père nous rejoint après le travail. Nous passons un peu de temps ensemble et je les laisse, afin qu'ils puissent en profiter juste tous les deux. Thomas me laisse souvent porter Marius ou faire les peau à peau, car il estime que notre fils a plus besoin de moi que de lui. Il se contente des soins et changements de couche. Cela m'attriste et je le pousse de plus en plus à prendre notre fils dans ses bras. C'est lui qui réalise la seconde toilette au gant de Marius et bien entendu, il a été parfait, comme toujours. Ça semble naturel chez lui.

À la maison, nous défaisons le sapin de Noël et remplaçons la lampe sapin de la chambre de Marius par une lampe en forme de lune. Thomas veut absolument qu'il ait une lumière, afin que nous puissions l'allumer au moment de notre départ, ce qui doit être une sorte de rituel pour lui.

Marius continue à faire des bêtises : cette fois-ci, il a carrément tapissé son incubateur d'urine, jusqu'au couvercle !

Jour après jour, nous constatons que ses mouvements sont moins saccadés, plus fluides. Il ne bouge plus comme il le faisait dans mon ventre mais lentement, tout en délicatesse.

L'alimentation est augmentée chaque jour, tandis que les sédatifs sont diminués. Il tète de plus en plus et pour le calmer, les soignants utilisent une compresse imbibée de mon lait ou une petite tétine adaptée à sa taille, qu'il tète goulument.

« Elle va devenir sa meilleure amie », souligne sa soignante, mais il va devoir apprendre à doser : il tète tellement fort qu'il la fait tomber en permanence.

Il est de plus en plus éveillé et mobile : il tourne sa tête seul à présent, si bien qu'au peau à peau suivant, il réussit à retirer son masque en redressant la tête pour la mettre de l'autre côté.

Il grandit aussi : à 43 jours, il fait 40cm pour 1,700kg. Ce poids n'est pas vraiment représentatif, car il est encore très œdémacié, mais cela s'améliore doucement.

Il a de moins en moins besoin de son masque : lors d'une toilette, on ne lui met pas et tout se passe bien. En repartant, Thomas me confie qu'il a trouvé ce moment très agréable.

« Sans son masque, il semblait découvrir le monde, il était tout éveillé ! ».

Les médecins étaient sur le point de lui mettre des lunettes nasales à oxygène, mais une nouvelle infection s'invite, lui causant beaucoup de bradycardies (faisant ralentir son coeur quelques instants). Il s'épuise, mais les jours qui suivent voient revenir notre Marius éveillé, réactif, ingénieux quant aux techniques pour retirer son masque, avec ses regards noirs en coin quand on l'embête un peu trop à son goût. Bien sûr, son père et moi avons droit à des sourires. Il est de retour !

Il semblerait que l'infection soit un staphylocoque, comme souvent avec les voies centrales. C'est un cercle vicieux : cette voie lui sert à recevoir des médicaments, mais s'il en a besoin, c'est pour combattre les infections qu'elle lui cause.

Vivement que ça passe...

« Vivement ». C'est mon mot du moment. *Vivement* que ça aille mieux, *vivement* qu'on puisse le ramener à la maison, *vivement* qu'on puisse être une famille normale...

J'ai hâte d'être au mois de mars, de dépasser la date du terme. Il ira mieux, il pourra sortir et j'arrêterai d'imaginer le pire. J'espère qu'il sera rentré pour mon anniversaire, fin mars. Ce serait mon plus beau cadeau.

De mon côté, mon humeur vacille. J'ai beau concentrer toutes mes forces sur Marius, j'ai parfois des contrecoups. Je me prends à imaginer le ventre que je devrais avoir, ce que j'aurais fait en attendant son arrivée... Je vois d'autres personnes autour de moi annoncer leur grossesse ou accoucher...

Moi je suis une maman en attente, avec un ventre désespérément plat, qui ne bouge qu'au rythme de son propre cœur.

J'aimerais avancer, voir dans le futur, avoir un aperçu de cette vie dans laquelle on sera ensemble, à la maison. J'aimerais l'embrasser sans masque, le câliner, le porter seule sans câbles ni tuyaux, lui faire prendre un bain, le coucher dans son lit, me réveiller parce qu'il m'appelle, ne plus avoir peur... toutes ces petites choses normales de la vie de parent qui me paraissent exceptionnelles à l'heure actuelle.

J'ai hâte de retrouver une vie normale avec Marius pour la chambouler, comme n'importe quel enfant qui arrive dans son foyer à sa naissance. Une vie de parent normal avec un enfant normal. Je veux devenir cette maman que j'imaginais et que j'aurais dû être.

Un jour, alors que Marius est agité mais fatigué, nous décidons de le laisser se reposer et de ne pas le prendre dans les bras... Mais au bout d'une heure, le voyant pleurer, je réalise qu'en temps normal, je l'aurais porté, câliné, rassuré. Il est à nouveau stable, je change donc d'avis et demande à le prendre ce qui l'apaise immédiatement. Il a à nouveau droit à une toilette et peut enfin avoir des lunettes à oxygène. Il a toujours quelque chose dans le nez mais au moins, il peut mieux voir ce qui l'entoure, n'a plus le bruit permanent de l'air envoyé par la machine... et est plus libre de ses mouvements. Le peau à peau redeviens facile car je n'ai plus l'angoisse qu'il se mette son masque dans les yeux à force de bouger dans tous les sens !

Bien sûr, Marius tente de l'enlever, mais sa saturation en oxygène est parfaite, il supporte donc bien le changement.

Il réclame de plus en plus sa tétine, donne de la voix, semble vouloir qu'on s'occupe davantage de lui... Il arrache sa sonde d'alimentation, ses lunettes et le pansement de sa voie centrale, si bien que sa soignante est toujours auprès de lui.

À cause de la stomie, la jaunisse qu'il a depuis sa naissance est toujours présente, mais en dehors de cela, il va bien.

Alors que Thomas l'a dans les bras, j'en profite pour l'embrasser, caresser ses cheveux qui éclaircissent de jour en jour, l'admirer sous tous les angles.

Pour la première fois, il urine alors que je suis en train de le changer, ce qui était déjà arrivé à Thomas, mais pas encore à moi.

Le lendemain, alors que je l'ai dans les bras, je commence à inventer une petite comptine pour le calmer... Les paroles le concernent et évoquent son prénom, le fait qu'il a le nez et les oreilles de son papa, les yeux et les cheveux de sa maman... que nous l'aimons plus que tout...

Chaque jour, je lui chante quand il s'agite et ça fonctionne toujours.

Je lui commande aussi un livre personnalisé : *Le petit prince et Marius*.

Je considère l'oeuvre d'Antoine de Saint Exupéry comme étant celle que tout le monde doit lire au moins une fois dans sa vie, alors autant s'y mettre tôt (il l'a d'ailleurs déjà entendue dans mon ventre, alors que je la partageais à mes élèves) ! Et ça me permettra de changer des livres qu'il a déjà dans sa chambre, car je commence à les connaître par cœur...

Le 15 janvier, je vais à la maternité encore plus tôt que d'habitude. Je fais la connaissance de sa soignante, S.

Marius est calme, emmailloté. Il apprécie moins la toilette du jour car, ayant une voie périphérique sur la tête (ce qui m'a fait peur au premier abord), il n'est pas possible de lui faire de shampoing.

Nous passons un moment agréable tout de même, Marius, sa soignante et moi, au son de musiques de méditation.

Je discute beaucoup avec elle de yoga et de lithothérapie. Elle me propose de se renseigner afin de savoir si je peux continuer à pratiquer le yoga avec Marius ici, malgré son hospitalisation. Elle m'apprend également que je peux lui apporter des pierres, moi qui en ai porté toute ma grossesse et même avant. D'autres parents placent des objets dans le berceau de leur enfant, des livres religieux, des bijoux symboliques... Du moment qu'ils sont emballés, c'est possible.

Marius boit son premier biberon sous les yeux de son père qui a pris mon relai une fois sa journée de travail achevée. Lui qui manque beaucoup de moments à cause de son travail, je suis heureuse qu'il puisse vivre celui-ci. Il me fait la surprise en me montrant la vidéo le soir même. Marius s'en est très bien sorti, malgré deux bradycardies, le temps de comprendre comment gérer la respiration et la déglutition. Il progresse !

Les jours qui suivent voient apparaître plein de nouveautés !

La pression de l'oxygène est baissée. La fréquence de son alimentation change également : avant, elle était passée en continu dans sa sonde. À présent, elle sera administrée toutes les trois heures... J'imagine que c'est pour s'approcher au maximum de la fréquence habituelle de la prise des repas.

Mon lait est enrichi, car bien qu'il soit d'excellente composition (fait à nouveau confirmé par la conseillère en lactation), les prématurés ont plus de besoins. De plus, avec la stomie, il assimile moins bien, évacuant très rapidement ce qu'il ingurgite.

Les séances avec la kiné se font plus régulières. Elle précise aux soignants comment le positionner dans son berceau, afin d'éviter que sa tête ne s'aplatisse d'un côté ou d'un autre. Elle le trouve également très éveillé et souhaite en profiter pour stimuler sa vision. Il distingue les contrastes, ce qui explique pourquoi les bébés fixent généralement les yeux ou la séparation entre le front et les cheveux.

Quand ils sont seuls dans leurs berceaux, ils sont stimulés par les couvertures qui recouvrent les incubateurs. En effet, elles doivent protéger de la lumière, mais en dessous, il y a des parties contrastées (des lignes noires et blanches notamment) qui attirent le regard.

Marius retire souvent ses lunettes à oxygène, si bien que son soignant, F., propose qu'on lui fasse une toilette, puis que je le porte sans aide respiratoire. Il tient 2h30 sans problème ! Ils lui remettent après pour éviter de le fatiguer.

Pour la première fois également, on me propose de tenter de le mettre au sein ! Je n'y croyais plus et suis presque réticente, mais la joie et l'envie prennent le dessus. Son soignant m'explique qu'il s'agit d'une « tétée d'apprivoisement ». Il risque donc de ne pas boire réellement, mais le but ici est de lui faire découvrir mon sein. En effet, il joue avec, lèche un peu et essaie de téter.

Je suis ravie. Je ne pensais pas connaître ça un jour. Je suis parvenue à ralentir de moitié les fréquences avec le tire lait et j'étais sur le point d'abandonner, mais s'il parvient à prendre au sein, je vais réviser mon jugement !

Cependant, je sens Thomas attristé d'avoir manqué ces deux moments importants. Il fait donc son premier peau à peau dès le lendemain. Lui qui me laissait le faire au maximum, afin que Marius aille mieux en retrouvant le lien que nous avions pendant la grossesse, le voilà qui finit par admettre que Marius a également besoin de son père... et inversement !

Marius joue avec les quelques poils du torse de Thomas et essaie même de le téter ! Une nouvelle tentative est réalisée pour la mise au sein, mais il s'énerve. Il a donc un biberon pour se calmer, ce qui fonctionne.

Le 19 janvier, c'est sa fête et plusieurs choses sont envisagées pour Marius. Ils pensent à lui retirer ses lunettes à oxygène dans la semaine et à le passer en berceau ouvert dès qu'il y en aura un disponible.

La poche de sa stomie est à changer de plus en plus souvent depuis qu'il a mon lait. Là où un tout petit bout d'intestin était visible avant, se trouve à présent un bout de plusieurs centimètres : il grandit et ses organes aussi. Je déteste voir ça et détourne au maximum mon regard, mais parfois je n'ai pas le choix. Thomas supporte beaucoup mieux que moi.

Suite à notre conversation avec S., je lui apporte différentes pierres, dont celle que j'ai toujours dans ma poche et que j'ai serrée le soir de son opération. Elles sont placées dans un sac stérile et déposées dans son berceau.

Les jours passent et j'ai de plus en plus de mal à gérer l'ascenseur émotionnel. J'ai l'impression d'être sur des montagnes russes depuis bientôt deux mois. Un jour ça va, l'autre non. L'espoir et la terreur se côtoient en permanence.

J'ai besoin que notre fils rentre à la maison.

Pour me rassurer, je relis tout ce que j'ai écrit dans mes carnets depuis mon hospitalisation et je réalise le chemin parcouru, me disant que le pire est derrière nous. Malgré tout, à chaque nouvelle infection, à chaque fois que je vois Marius moins vif que d'habitude, je panique et me mets dans tous mes états. Alors comme le soir de son opération et comme à chaque fois que j'ai peur, je prie « Sauvez mon bébé, sauvez mon Marius ». Et tous les jours, je n'oublie pas nos petits rituels : la chanson de Jean-Louis Aubert, sa comptine pour le calmer et quand je pars alors que son père n'est pas encore là, je l'embrasse en murmurant « Un bisou pour papa, un bisou pour maman. Sois sage mon amour, ne fais pas de bêtises. Je t'aime plus que tout au monde. À demain ! »

J'ai aussi ce besoin viscéral d'être auprès de lui, de le toucher, de sentir sa petite main me serrer fort, de caresser sa joue... Alors que c'est moi qui devrais lui transmettre ma force, je réalise qu'il est la mienne.

Le 22 janvier, son soignant F. me passe le relai et pour la première fois, je lui donne son biberon qu'il boit entièrement, sans problème. Je suis très fière de lui. Le soir, il passe en air ambiant. Il n'a plus rien pour l'aider à respirer !

Mais les montagnes russes reviennent : ils lui remettent des lunettes le lendemain en précisant que ça ne sera pas pour longtemps.

Du sang est retrouvé dans la poche de sa stomie. L'alimentation est donc suspendue jusqu'au lendemain. Les médecins pensent qu'il a fait un ulcère, car l'échographie ne montre rien de particulier et que les saignements se sont arrêtés. Il a donc un médicament pour protéger son estomac.

La soignante de Marius nous dit qu'il a beaucoup de chance d'avoir des parents comme nous, contrairement à d'autres bébés du service...

Malgré cette affirmation, je craque ce soir là. J'ai besoin qu'il rentre. Je me sens coupable et accuse mon corps. C'est à cause de lui que notre fils doit subir tout cela. Moi qui l'ai considéré comme un temple, je le déteste aujourd'hui et j'ai le sentiment de l'occuper au lieu de ne faire qu'un avec. Il faut que Marius rentre, afin que je puisse enfin m'occuper de lui et arrêter de me considérer comme une enveloppe inutile.

J'en parle le lendemain à F. qui, en réponse, souhaite me montrer mon utilité.

Après un peau à peau d'environ deux heures au cours duquel Marius retire ses lunettes et place sa main de manière à nous empêcher de les lui remettre, il s'endort, la tête posée contre son bras. Nous tentons une nouvelle mise au sein, mais Marius préfère jouer avec avant de s'endormir, un large sourire aux lèvres.

Le chirurgien de l'hôpital d'enfants passe. Tout va bien. L'opération sera faite environ trois mois après la première, soit début mars. Cependant, Marius s'agite à nouveau, à tel point que son soignant ne sait plus quoi faire pour le calmer, devant s'occuper d'un autre bébé malgré tout. Lorsqu'il me le remet dans les bras, l'effet est instantané.

« Vous voyez que vous n'êtes pas inutile ».

De plus en plus, on m'incite à « faire une pause », de penser à moi, afin que je tienne le coup. C'est impossible. Je n'arrive pas à être séparée de Marius trop longtemps. C'est viscéral. Quand je suis éloignée de lui, j'ai mal au ventre. Tout mon être me pousse à être auprès de mon fils. Je ne contrôle rien. C'est instinctif.

Il m'arrive même de me surprendre à pleurer, tellement mon amour pour lui est fort : je l'ai dans les bras, je le regarde et je sens des larmes couler sur mes joues. Peut-être est-ce un moyen de lui montrer à quel point je tiens à lui ? J'ai le sentiment que l'amour que je lui montre est contenu dans mon corps et n'a qu'une minuscule « porte » par laquelle passer. Les mots, les gestes ou même ces larmes... rien n'est assez fort pour représenter tout ce que je ressens pour lui.

Le 25 janvier, pour ses deux mois, Marius a droit à son premier bain, suite à l'initiative de F., son soignant. Jusqu'à présent, c'est lui qui en a pris le plus et ça a toujours été bénéfique, que ce soit pour Marius mais aussi pour moi. C'est lui qui a tenté de le passer en air ambiant, qui m'a proposé la mise au sein, qui a décidé de n'avoir que Marius à sa charge quand il est au plus mal... Je vois qu'il tient à lui et ça me réchauffe le cœur.

Nous passons donc un agréable moment Thomas, Marius et moi. Il semble adorer les sensations. Il est tellement léger qu'il flotte. Le moment est immortalisé par l'une des pédiatres.

Je profite de l'occasion pour le mesurer.

À 2 mois, il mesure 41 cm et pèse 1,620kg. Ses lunettes lui sont retirées le soir même.

À présent, quand les médecins viennent dans sa chambre, c'est surtout pour nous dire à quel point il est mignon, que ses joues, qui grossissent de plus en plus sont à croquer. « Des joues à bisous » entend-on de plus en plus. Ça fait du bien de ne plus entendre de discours alarmants.

Thomas lui donne son biberon et le garde dans ses bras. J'en profite pour prendre une photo. Marius regarde son père avec tellement d'amour...

Le 27 est une très bonne journée : la tension, la saturation en oxygène, la fréquence cardiaque... Tout va bien. Il est toujours en air ambiant et n'éprouve aucune difficulté. Il boit très bien ses biberons, ne fait pas de « bêtises »... Et pour la première fois, je le sens téter réellement mon sein ! Ça ne dure pas longtemps, mais quelle sensation ! Lorsqu'il s'endort, je l'entends avoir le hoquet. Je ris, car le son me fait penser à un jouet pour chien.

En rentrant à la maison le soir, je vois que j'ai reçu son livre personnalisé. Je le lui amène dès le lendemain et le découvre avec lui.

Le 29, nous passons une bonne journée... et puis ça se gâte. Au moment de le recoucher dans son berceau, nous voyons à nouveau du sang dans la poche de sa stomie. Les médecins pensent qu'il s'agit de restes de l'ulcère de la dernière fois, mais ils continuent à surveiller. Les résultats d'un fond d'oeil réalisé quelques jours avant sont arrivés. Comme ils s'en doutaient, il fait une rétinopathie de stade 2. Un contrôle sera fait dans une quinzaine de jours pour voir l'évolution. Il se peut que ça se résorbe, que ça stagne ou que ça évolue auquel cas, il faudra agir. Plusieurs traitements comme le laser ou des injections existent.

Malgré tout, il évolue bien : il a de bons réflexes, suit du regard les objets qui lui sont présentés, est très éveillé, recommence à sucer son pouce... La kiné propose certains exercices pour mobiliser tout son corps, malgré la stomie qui empêche certains mouvements. Elle précise que nous aidons énormément à son développement avec nos livres et la musique. Elle craque pour son livre personnalisé.

J'insiste à nouveau sur le berceau ouvert et enfin, ils lui en trouvent un ! Il est donc installé dans ce nouveau lit le 30 janvier.

Qui dit berceau ouvert dit... vêtements ! À cause de sa voie centrale, il est impossible de lui faire porter ceux que nous lui avons achetés, pour des raisons d'hygiène. Nous voyons donc passer au fil des jours des vêtements plus ou moins beaux, attendant impatiemment de pouvoir lui mettre les siens.

Concernant l'alimentation, les médecins doivent jongler entre le lait et les apports à cause de la stomie. Elle est faite si haute que tout n'est pas assimilé correctement. Ils augmentent donc les apports par voie veineuse, mais gardent les biberons pour le plaisir et afin qu'il ne perde pas l'habitude de téter, lui qui se débrouille si bien de ce côté là !

Les vaccins obligatoires des deux mois sont faits. Je ne pensais pas qu'il y aurait droit aussi tôt, étant prématuré, mais l'âge ne change rien. Ça doit être fait à deux mois, peu importe le terme.

Tout se passe bien et Marius n'a aucun effet secondaire. Thomas le prend tout de même dans ses bras pour le consoler.

N'y tenant plus, j'enfreins les règles tout en sachant qu'il est (encore) sous antibiotiques à cause d'une énième infection et l'embrasse sans mon masque pour la première fois.

Le 1er février, Marius perd enfin son cordon ombilical, dévoilant un joli nombril. Il fait de plus en plus de sourires et nous voyons passer des tas de vêtements et bonnets différents. Les soignantes se font plaisir et à nouveau, celles qui se sont occupées de lui au tout début passent le voir et prennent des nouvelles, constatant avec ravissement son évolution.

Un mobile comportant des images contrastées est installé près de son lit afin de le stimuler.

Le lendemain soir, Thomas part en formation à Paris pour une semaine. Il réalise donc la plupart des soins, lui donne ses biberons, le prend dans ses bras... Il prend sa dose de Marius avant de partir.

Nous espérons que tout se passera bien en son absence et, heureusement, c'est le cas.

J'entame la période des huit mois de grossesse révolus. Peu à peu, j'accepte de ne plus être enceinte car à ce stade, j'aurais pu accoucher d'un jour à l'autre sans risque. Entre ça et l'allaitement qui commence à vraiment porter ses fruits (Marius est de plus en plus à l'aise lors des mises au sein), je tente de faire la paix avec mon corps... Tout en me rappelant que s'il n'avait pas failli, Marius aurait pu rentrer à la maison. Je me surprends cependant à regarder tous les jours la cicatrice de ma césarienne. Moi qui n'osais pas au début, je le fais à présent car elle me rappelle que j'ai bien été enceinte, que j'ai bien porté mon bébé, mon fils, mon Marius, dans mon ventre. Ce n'était pas un rêve.

La semaine se passe paisiblement. À force de les utiliser, j'ai mes préférences pour certains fauteuils. Un jour, j'en viens même à m'endormir sur l'un d'eux, Marius à la fois dans mes bras et dans ceux de Morphée.

Quelques petits points négatifs tout de même : il a besoin d'être transfusé. Mais en dehors de ça, il progresse énormément, sa tête n'est plus déformée, l'allaitement progresse...

Chaque jour je profite des moments de douceur que la vie nous offre. J'entends de plus en plus Marius pousser des soupirs d'aise quand il est dans mes bras et mon cœur fond à chaque fois. Il devient de plus en plus dur pour moi de me séparer de lui lorsque je dois rentrer à la maison sans lui chaque soir. Il m'arrive d'en pleurer en passant la porte de sa chambre.

J'ai hâte que l'opération soit réalisée. Bien qu'elle me fasse peur, elle nous rapproche de la sortie et du retour à la maison.

Lors des moments où il va bien, il m'arrive de m'imaginer le sortir de son berceau pour l'embarquer avec moi et rentrer chez nous. Il est tellement petit, il pourrait rentrer dans mon sac ! Mais la plaisanterie est de courte durée, car je sais pertinemment que sa présence ici est nécessaire pour sa survie et que toutes ces machines auxquelles il est branché lui sont pour l'instant indispensables. Sans parler de la stomie... La poche fuit de plus en plus, ce qui est pénible autant pour lui que pour ses soignants.

Elle lui a sauvé la vie, mais actuellement, entre les fuites, le fait que le lait n'ait pas le temps d'être assimilé et l'obligation d'avoir une voie centrale à cause d'elle... j'ai l'impression qu'elle devient un problème.

Malgré cela, l'état de Marius lui permet d'être transféré du service de réanimation (où il se trouvait depuis sa naissance) à celui des soins intensifs, dans la soirée du 5 février.

Heureusement, il a toujours une chambre pour lui seul. Nous nous y sommes habitués !

Il fait à nouveau une infection (nous avons probablement dépassé la dizaine depuis son opération). Son rythme cardiaque est élevé et il se fatigue vite. Il a à peine voulu de son biberon. Quelques soucis pour uriner, mais en dehors de cela, quelques traces de selles sont retrouvées dans sa couche ! D'après les médecins, c'est bon signe : cela signifierait que le système digestif en dessous de la stomie fonctionne et qu'il arrive à évacuer.

Il semble plus éveillé que la veille : il regarde partout autour de lui, comme s'il avait compris qu'il était dans une chambre différente.

Je remarque cependant que la marque laissée par la sonde d'alimentation que j'avais repérée quelques jours plus tôt n'était pas qu'une croûte : sa narine est légèrement fendue.

Lors des séances avec la kiné, je continue à découvrir le caractère bien trempé de mon petit garçon. Après ses regards noirs en coin quand on l'embête, j'apprends que Marius développe des stratégies d'évitement quand il n'a plus envie de « travailler ».

Ainsi, lors d'une séance, nous nous amusons avec la kiné en voyant Marius regarder partout autour de lui et fermer les yeux lorsqu'il doit croiser son regard. Elle change de stratégie, mais lui aussi : le voilà en train de faire semblant de dormir ! C'est tellement flagrant que ça en est amusant. Enfin, elle abandonne pour aujourd'hui :

« Il n'a pas envie. Je sais qu'il y arrive, mais aujourd'hui, ça l'embête. Mais je commence à le connaître ce petit coquin : dès que je vais le remettre dans le berceau, il va vous regarder avec ses grands yeux ! ».

Et en effet, à peine posé sur son lit, mon petit bonhomme me regarde avec intensité et me sourit.

Il a également gardé cette habitude prise *in utero* de garder ses mains proches de son visage, ce qui satisfait la kiné.

Thomas rentre le 7 au soir. J'ai encore pleuré en partant de la maternité car la séparation est trop dure. J'essaie de ne pas craquer devant Marius afin de ne pas lui transmettre d'énergie négative.

Lorsque nous allons le voir ensemble le lendemain, Marius est complètement réveillé, comme s'il avait compris que son papa était rentré et qu'il l'attendait. Thomas lui fait les soins, la toilette, un peau à peau et lui donne son biberon... qu'il vomit.

Il vomit à nouveau son biberon le lendemain et nous nous demandons si c'est nous qui nous y prenons mal, car ça n'arrive pas avec les soignantes, mais elles nous rassurent : ça arrive.

Nous apprenons aussi qu'il fait ses nuits. Toutefois, étant un prématuré, il doit quand même être réveillé pour être nourri et prendre du poids.

Une date d'opération est décidée le 10 février, mais ils attendent d'avoir la confirmation que tout le personnel présent à la première le sera également pour la seconde.

La cholestase (jaunisse) de Marius se stabilise (voire diminue), un test auditif de routine et un fond d'oeil sont réalisés... Ainsi qu'une échographie cérébrale montrant une absorption quasiment totale de l'hémorragie.

Ce jour là, le service est en effervescence à cause d'un manque de personnel. Sa soignante n'a jamais eu Marius et a du mal à jongler entre tous les tuyaux, les câbles, les traitements... Si bien qu'à 14h, il n'a toujours pas eu son biberon de 12h. De fait, il est très agité et j'ai beau le prendre dans mes bras, rien n'y fait : il a faim.

Il fait des tachycardies : son rythme cardiaque est assez élevé et il ne semble pas confortable lors des soins. Il doit avoir mal au ventre à cause de ses reflux... Et doit en avoir assez d'être manipulé sans cesse. Il se calme quand il entend ma voix, je fais donc le maximum de soins avec lui tout en lui expliquant que je ne lui ferai jamais de mal et que tout ce qui est fait, c'est pour son bien. Les médecins me disent encore une fois qu'il a une attitude totalement différente quand je suis dans la même pièce.

Le sachant sous traitement et étant moi-même en bonne santé, je décide de retirer quelques instants mon masque afin qu'il distingue mes traits et non pas uniquement mon regard et mes cheveux. Il me regarde avec un air étonné. Pour la première fois, il découvre mon visage et le scrute intensément, comme pour être sûr de ne rien oublier.

L'opération aura lieu le 5 mars. Nous avons différents rendez-vous programmés pour discuter avec les chirurgiens afin de faire le point et de poser toutes nos questions à la fin du mois. On nous précise tout de même qu'il pourrait avoir besoin de plusieurs opérations, ne sachant pas ce qui va être retrouvé dans son ventre.

Ça n'en finira donc jamais ! Nous espérons tout de même qu'une seule suffira et qu'il s'en remettra vite afin qu'on puisse le ramener à la maison et enfin vivre cette vie que nous avions imaginée.

Le 12 février, il atteint les 2,050kg !

Il n'a plus aucun médicament en dehors des compléments alimentaires. L'inconfort qu'il montrait ces derniers jours semble être passé.

Nous retentons une mise au sein, mais comme la veille, Marius s'endort. Il semble tellement bien qu'on n'ose plus le bouger et on le laisse dormir contre moi comme un bienheureux. Il pousse à nouveau ses soupirs d'aise et j'en profite pour le cajoler, lui faire des caresses sur le dos, dans les cheveux, dans le cou (où sa tâche de naissance est de plus en plus apparente), afin de lui apporter le plus de douceur possible.

De plus en plus, les gens nous demandent ce que nous souhaitons qu'ils offrent à Marius. Beaucoup, ne sachant quoi offrir vues les circonstances lui offrent des peluches.

Les parents de Thomas lui ont acheté une lampe musicale en forme d'étoile que nous avons mis dans sa chambre à la maternité il y a déjà quelques semaines. Il a aussi eu des accessoires brodés à son nom. Tout, en dehors de la lampe musicale, attend bien sagement le retour de Marius à la maison.

Le 14 février, après un long peau à peau rempli de ses mignons petits soupirs, j'apprends que les résultats du fond d'oeil sont plutôt bons. Il en est toujours au stade 2, mais il n'y a plus d'arborescence. Cela évolue donc positivement.

Lors de la mise au sein, j'ai une montée de lait telle que nous en avons partout sur nous, ce qui ne semble pas déplaire à Marius !

Ma mère et ma sœur viennent chez nous pour le week end. Je laisse Thomas être seul avec Marius afin d'en profiter au maximum avant de les rejoindre en fin de journée.

Alors que j'étais en ville avec ma famille, je réalise l'absurdité de la situation : je suis Maman, mais personne ne le voit. J'ai envie de le crier, de le hurler au monde entier :

« Regardez-moi, je suis la maman du petit garçon le plus beau, le plus fort et le plus courageux du monde ! Vous ne le voyez pas encore, mais vous allez voir une fois qu'il sera sorti ! »

Malheureusement, à mon arrivée, j'apprends qu'il a eu besoin d'être transfusé et qu'il fait une nouvelle infection. Thomas remarque tout de même après plusieurs heures passées à ses côtés, le changement immédiat de notre fils dès mon entrée dans la pièce.

Le lendemain, nous passons le plus de temps possible tous les trois. Thomas le prend dans ses bras, nous lui mettons de vieilles musiques, lui donnons ses biberons... Je lui apporte une nouvelle pierre que j'ajoute aux deux autres déjà dans son berceau. J'ai sa jumelle, ainsi, nous en avons chacun une.

Lorsque nous repartons, Marius me regarde intensément, puis me sourit. J'en ai les larmes aux yeux, mais lorsque nous arrivons dans le vestiaire, nous croisons une femme en fauteuil roulant. Je me revois quelques mois en arrière, alors que j'étais à sa place et je réalise le chemin parcouru depuis.

Le 18, on nous apprend que Marius n'a pas passé une bonne nuit : il a eu froid, a arrêté de faire pipi et a fait des bradycardies, ainsi que des pauses respiratoires. Il a été remis en incubateur et est à nouveau œdémacié. Toutefois, il est très éveillé en avale goulument ses biberons.

Je remarque qu'il est encombré et demande à ce qu'on lui aspire...

En effet, jusqu'à présent, ses sécrétions étaient régulièrement aspirés lors des soins avec un petit tuyau. Depuis qu'il est en air ambiant, cela est fait beaucoup moins souvent. Pour la première fois, ce n'est pas une aspiration mais un nettoyage de nez qui est réalisé... Ce qui n'a pas été inutile ! Cependant, lorsque Thomas y retourne après son travail, il remarque qu'il a de nouveau des difficultés à respirer et pense que les œdèmes sont en cause. Il suggère également aux médecins de faire un prélèvement des sécrétions pour les analyser.

Le 19, alors que je me prépare à aller à la maternité, j'entends des bips de machines... à la télé passe un reportage sur les prématurés. À nouveau, les sons des différentes machines m'assaillent et je fonds en larmes. Le bruit du scope, celui de la machine à oxygène, celui qu'elle produit quand le masque est mal positionné, celui des machines dont les perfusions sont terminées... Je craque. Je ne veux plus repenser à ces moments, ceux où il allait mal... J'ai beaucoup de mal à me calmer et ne réussis à le faire qu'en pensant à lui qui m'attend (tout en sachant que j'allais devoir entendre certains de ces bruits en allant le rejoindre). Je me dis aussi que cette partie de nos vies est passée et qu'il va mieux à présent. Bientôt il sera à la maison et nous pourrons tenter de ne plus penser à cette parenthèse nécessaire pour sauver notre fils.

Marius va mieux lorsque j'arrive. Ils lui font passer un médicament durant quatre heures pour l'aider à évacuer ses œdèmes *via* une voie périphérique à la tête. Je ne peux donc pas le porter, mais je compense en lui racontant des histoires, en parlant, en chantant, en mettant de la musique.

Le 20, j'essaie de compter les jours avant son retour à la maison. Mais à mon arrivée à la maternité, je réalise que tout est en train de basculer.

S., sa soignante, le porte dans ses bras, chose qui n'arrive quasiment jamais, sauf en cas de besoin. Marius n'a pas passé une bonne nuit. Beaucoup de sang a été retrouvé dans la poche de sa stomie. Les analyses de ses sécrétions montrent également qu'il a une bronchiolite. Son ventre est à nouveau gonflé, il semble à nouveau ressentir de l'inconfort... Les médecins veulent nous voir.

Je tombe de haut. Elle me met Marius dans les bras et me donne des mouchoirs.

J'ai du mal à réaliser, tout arrive d'un coup. Je pleure et appelle Thomas pour lui dire de venir au plus vite.

En attendant je fais écouter, comme chaque jour, la musique de Jean-Louis Aubert à Marius, pour lui donner des forces. Je lui chante sa comptine pour le calmer, mais pour la première fois, ça ne fonctionne pas, ou alors juste un temps, avant qu'il ne pleure à nouveau. Je lui raconte sa vie, celle que j'imagine pour lui et le supplie de se battre, de ne rien lâcher. Ce n'est pas ça la vie, il y a tellement de choses qui l'attendent dehors. Tout va aller mieux quand il sera sorti, je le lui promets. Je lui dis aussi que j'ai besoin de lui, que je l'aime plus que tout, qu'il doit se battre, qu'il s'est battu jusqu'à présent, alors il ne peut pas abandonner maintenant, si près du but !

Non mon amour, tu vas te battre. Tu vas aller mieux, rentrer avec nous, grandir, devenir un magnifique petit garçon, puis un adolescent, puis un jeune homme. Un jour tu tombera amoureux, peut-être que tu te marieras et auras des enfants, des petits-enfants, des arrière-petits-enfants. Et alors, seulement après avoir vécu une longue vie bien remplie et m'avoir vue partir depuis bien longtemps, alors tu pourras t'en aller toi aussi. Pas avant.

Mes larmes se mêlent à mes mots et aux baisers que je dépose à travers mon masque.

Et comme à chaque séparation, je fais mon autre rituel :

« Un bisou pour papa, un bisou pour maman ». J'ajoute « Repose-toi bien mon amour, tu vas aller mieux. Sois fort, bats-toi. Tu vas y arriver. Je t'aime, plus que tout au monde. À demain mon amour ».

Les médecins sont très inquiets. Le pronostic vital est à nouveau engagé. L'opération est mise en attente. Ils craignent que ça ne soit trop important pour être opérable. Ils ne sont pas optimistes et repassent Marius en réanimation.

Je hurle dans la voiture en repartant de la maternité. Il est hors de question qu'il parte. Je ne le supporterai pas. Comment vivre sans lui ? Alors à nouveau je prie, j'implore, je supplie :

« Sauvez mon bébé, sauvez mon Marius ».

Il a montré qu'il voulait vivre, il s'est battu de toutes ses forces, alors non, ce serait injuste de ne pas le laisser vivre. Il a surmonté tellement d'épreuves, subi tellement de choses. Non, il a prouvé à quel point il tenait à la vie. Il ne mérite pas de partir !

Ni Thomas ni moi n'arrivons à dormir cette nuit là. Nous appelons régulièrement le service, mais il n'y a pas de changement. Thomas tente de me rassurer, mais en vain. Je me lève, prise d'une envie de vomir, chose qui n'était pas arrivée depuis sa naissance, le jour où on me l'a arraché la première fois.

Les médecins nous appellent et nous disent de venir, car ils vont le réintuber. Je suis dans un tel état qu'il m'est impossible de manger, de boire ou même de me préparer. Je tremble de tout mon corps et me sens pâlir. Thomas conduit. Les médecins nous disent de nous dépêcher.

Tout le long du trajet, j'imagine le pire, me faisant violence pour garder espoir. Que va-t-il se passer si... NON. Impossible. Hors de question.

Lorsque nous arrivons sur le parking, Thomas me dit d'y aller avant, le temps qu'il trouve une place. Malgré la peur, je m'élance et cours vers le service.

Lorsqu'on m'ouvre, je tremble tellement que je n'arrive pas à fermer le cadenas de mon casier. Une pédiatre arrive et s'étonne de ne pas voir Thomas. J'explique qu'il gare la voiture, des tremblements dans la voix.

Je la sens poser sa main sur mon bras et me retourner doucement vers elle.

« Il est parti votre bébé... Il est parti... ».

Hiver

LA MORT

Pendant plusieurs semaines, j'essaierai de mettre le doigt sur ce que je ressens à ce moment là. En entendant ces mots, j'ai comme une absence, comme si mon coeur manquait un battement, comme si je n'habitais plus mon corps. Peut-être est-ce un moyen d'assimiler la foule de sentiments qui s'apprête à se déverser en moi ? Un moyen d'encaisser le choc ?

Avec le recul, je pense que c'est le moment où mon cœur s'est brisé.

Le seul mot que j'arrive à sortir est alors « Non ».

Non, non, non.

Je le répète sans cesse, m'accrochant à lui désespérément, comme à une bouée de sauvetage, comme s'il avait le pouvoir d'inverser le cours des choses, comme s'il était possible de changer cette phrase en y mettant assez d'intensité.

Non, je refuse de le croire.

Non, je viens d'arriver et je devais aller le voir.

Non, nous n'arrivons pas trop tard.

Non, hier n'était pas la dernière fois où j'aurais vu mon fils en vie.

Non, le sourire qu'il m'a adressé hier entre deux crises de larmes n'était pas le dernier.

Non, il s'est battu jusqu'à présent, alors pourquoi maintenant...

Non. Non. Non.

Tout cela me frappe de plein fouet en un quart de seconde. Mais tout ce qui sort de ma bouche, c'est « Non ».

Et je tombe, je m'effondre à terre, me fracassant la tête au sol malgré les tentatives de la pédiatre pour me retenir.

Et je hurle. Je hurle ma douleur, ma peine, ma détresse, mon désespoir, mon amour... Oh mon amour !

Je distingue d'autres personnes du service arriver, d'autres parents sonner à la porte et se voir demander de patienter quelques instants. Alors que mon regard se perd sur les canalisations des lavabos du vestiaire et sur le lino moucheté, je crois entendre le fameux « On a fait tout ce qu'on a pu » et des cris. Des cris intenses, puissants. Des plaintes animales. Mes cris.

Puis c'est au tour de Thomas d'arriver. Il m'expliquera plus tard qu'en voyant les parents attendre et entendre l'un d'eux dire « Il y a une femme qui pleure dans les vestiaires », il a compris.

Lorsque les médecins le laissent entrer, on a réussi à m'asseoir contre les casiers. Il me regarde et mes yeux doivent tout dire. Je le vois se décomposer. Je tends mes bras vers lui car j'ai besoin de sa présence, de sa force, de sa chaleur. J'ai besoin de lui.

Alors nous pleurons tous les deux, serrés l'un contre l'autre contre les casiers.

D'autres parents tentent d'entrer.

Je demande à ce qu'on nous emmène ailleurs, afin de les laisser voir leurs bébés, puisqu'ils le peuvent encore. Thomas souhaite le voir une dernière fois. Il est accompagné jusqu'à notre fils par des soignants. Il le portera une dernière fois.

Dans la salle des mauvaises nouvelles, la psychologue nous parle. Elle nous laisse seuls quelques instants. À nouveau nous nous serrons l'un contre l'autre et Thomas me dit :

« Ne me laisse pas seul. Reste avec moi ».

Il a du lire dans mes pensées. Je réponds :

« Toi. Toi, ne me laisse pas ».

On nous explique la suite. Il va falloir l'habiller.

Je demande à choisir les vêtements, ayant toujours dû l'habiller avec ceux fournis par la maternité et non avec ceux que j'avais achetés pour lui.

Nous retournons à la voiture. Il fait beau. Il faut prévenir nos familles. Elles seront chez nous le soir même... et les jours suivants.

Nous retournons à la maison pour lui choisir des vêtements. Nous nous asseyons en pleurs près de la commode dans laquelle tout est prêt pour son arrivée. Je choisis un pyjama bleu marine avec des constellations. Le plus beau de tous. Celui que j'aurais aimé qu'il porte à la naissance. Il le portera pour une autre raison...

Thomas prend un body.

Nous choisissons chacun un objet personnel à lui laisser. Nous décidons aussi de lui mettre sa cape de bain brodée : elle est douce, chaude et lui qui a tellement aimé son seul et unique bain... Il sera bien dedans.

J'ajoute une photo de son père, Nobelle et moi et écris quelques mots à l'arrière.

Je sers le tout contre mon corps le temps du trajet pour tout déposer à la maternité.

Nous prenons également tous les biberons de lait maternel conservés au congélateur, afin d'en faire don au lactarium... autant ne pas gâcher.

Lorsque nous arrivons, la cadre du service nous reçoit dans son bureau. Sur la table se trouvent toutes les affaires de Marius : ses livres, sa lampe musicale, son doudou... ainsi qu'un coffret.

Dans celui-ci se trouvent des souvenirs réalisés par les soignants : des empreintes de ses pieds et de ses mains, une mèche de cheveux, les étiquettes de sa chambre et de son berceau, sa tétine, son bracelet de naissance...

Nous demandons à voir la soignante qui s'est occupée de lui.

C'est S. Il fallait que ça soit elle, ou F.

Elle me serre contre elle, me dit qu'il s'est endormi paisiblement dans ses bras, au son de musiques douces.

Je la remercie entre deux sanglots. Thomas fait de même.

Je demande où sont les pierres et elle me répond que les lui a mises dans les mains. C'est parfait.

Je n'arrive pas à donner les affaires que nous avons apportées.

Thomas veut à nouveau le voir une dernière fois. Je n'ose pas mais j'ai peur de regretter. C'est comme je veux, ce n'est pas une obligation. Thomas me promet de lui dire que je l'aime, mais j'ai peur de regretter de ne pas le faire moi-même. Je vais essayer.

Il a été déposé au funérarium.

S. et une autre femme nous conduisent le long de divers couloirs. Thomas me tient d'un côté, la femme de l'autre.

S. tient les affaires pour Marius. Le trajet me paraît interminable.

On nous amène dans une petite salle où se trouve un berceau, le temps que S. prépare Marius. Puis on nous l'amène.

Je vois à peine ses cheveux que je sens mes jambes me lâcher. Impossible de le regarder davantage. Je préfère garder une image de lui vivant.

On nous propose de le porter, de le déposer dans le berceau ou que la soignante le garde dans les bras. Nous demandons à ce qu'il soit déposé dans le berceau et qu'on nous laisse seuls.

Thomas l'embrasse une dernière fois. Moi, je suis assise à côté du berceau, une main sur sa couverture.

Chacun de nous lui parle. Puis, les paroles de sa comptine franchissent une ultime fois mes lèvres.

Nous lui disons au revoir et non adieu, car nous nous retrouverons un jour mon amour. Ensemble.

L'APRES

Après avoir rassemblé nos dernières forces pour nous rendre aux pompes funèbres, nous rentrons à la maison.

Je vais chercher le doudou brodé au nom de Marius et le place dans mon débardeur, sous mon pull, pour essayer de retrouver les sensations du peau à peau. Je prends également son livre personnalisé du *Petit Prince*, puis je m'allonge sur le canapé et ne bouge plus.

J'entends les parents de Thomas revenir, puis ma mère, ayant fait le trajet depuis la Normandie. Elle se précipite sur moi, me serre fort. Je hurle, je pleure, je crie.

Elle s'occupe de moi, sa petite fille, *son* bébé.

Elle me fait prendre un bain au cours duquel j'ai des montées de lait que j'essaie tant bien que mal d'ignorer, mais mes larmes coulent en même temps.

Maman me rince les cheveux comme quand j'étais enfant, puis me fait sortir, me sèche à l'aide d'une serviette, m'aide à m'habiller.

Lorsque mes yeux tombent sur ma cicatrice, mes larmes se remettent à couler.

« On me l'a arraché deux fois ».

On me demande si j'ai faim ou soif, si j'ai froid ou bien chaud, si je veux quelque chose... Ma réponse est invariablement « Je ne sais pas ».

Non pas que je m'en fiche, mais je ne sais *vraiment* pas. Mon corps n'a plus aucune réaction, il continue juste à fonctionner. Je ne sais *réellement* pas ce que je veux ou ce dont je pourrais avoir besoin.

Bien que le corps de Marius ait cessé de fonctionner, le mien me rappelle qu'il a des besoins. Manger, boire, dormir... je fais tout cela mécaniquement, difficilement, trouvant ces gestes quotidiens ridicules. Je suis morte à l'intérieur, pourquoi mon corps continue-t-il à vivre comme si de rien n'était ?

Je ne pense qu'à lui.

Je cherche désespérément le sommeil et l'oubli. J'essaie même de négocier, de passer un marché, de remonter le temps.

« Demain je me réveillerai de ce cauchemar et reviendrai au mois de Novembre, juste avant que tout ne bascule. Sauf que cette fois-ci, tout se passera bien »...

Mais chaque réveil me rappelle l'écrasante réalité et chaque matin est un rappel à l'ordre : il n'est plus là.

Thomas s'occupe de tout, aidé de nos familles respectives. Sa force m'impressionne, alors que je suis dans un état léthargique. Je suis incapable de faire ou de dire quoi que ce soit.

Le temps semble s'écouler différemment. Je ne suis que spectatrice de ma propre vie et je n'ai pas envie de voir la pièce. Je n'ai plus envie.

Je termine le carnet dans lequel je conservais toutes les notes prises quotidiennement depuis mon hospitalisation. Il contient toute sa vie. Il doit donc, comme elle, s'achever.

À la fin des obsèques, on doit s'y mettre à plusieurs pour me faire partir. Pour l'occasion, je porte une dernière fois la robe de grossesse des fêtes de fin d'année. Celle qui aurait dû servir davantage, celle que j'avais achetée pour lui. C'est « sa » robe.

Nous la plaçons avec tous les souvenirs que nous avons de lui dans une boîte fabriquée par Thomas.

C'est fini. Il est parti. Je suis perdue.

1er Mars 2020

Mon Marius, mon amour, mon petit lapin en sucre, mon petit cœur tendre, mon tout petit...

Tu étais prévu pour aujourd'hui. La vie en a décidé autrement.

À présent, toi qui n'a pas eu la chance de connaître ça, tu es partout : dans chaque rayon de soleil, dans chaque goutte de pluie, dans chaque souffle du vent... et dans mon cœur.

Tu me manques...

Tu étais parfait. Tu ressemblais tellement à ton papa... mais avec mes yeux et mes cheveux.

Tu étais et tu resteras notre amour.

Je t'aime à tout jamais.

Mon ange...

13 mars 2020

J'ai toujours pensé qu'en voyant mon bébé pour la première fois, mon cœur exploserait d'amour. Malheureusement, la première fois ne s'est pas du tout passée comme prévue. Puis je suis allée le voir et à nouveau, je ne ressentais pas cet élan d'amour que je pensais avoir.

C'est plus tard que j'ai réalisé. En fait, cet amour, je le ressentais déjà. Il était là, depuis le début, peut être même avant que Marius ne se loge dans mon ventre. C'était là, point.
Je l'ai toujours aimé, avant même de le rencontrer et je l'aimerai jusqu'à mon dernier souffle.
En si peu de temps il a réussi à marquer la vie de beaucoup de personnes, qui n'ont même jamais eu la chance de faire sa connaissance.

Je suis perdue depuis son départ. Que suis-je à présent ? J'ai eu du mal à admettre que j'étais maman quand il est né, car ma grossesse n'ayant pas été menée à son terme, j'étais encore enceinte dans ma tête.
J'étais une maman en cours de préparation.
Puis, petit à petit, j'ai compris. En le serrant dans mes bras, en faisant tout ce que je pouvais pour l'aider à grandir, à prendre des forces, à le faire aller mieux... En ne pensant qu'à lui nuit et jour, j'ai réalisé que oui, j'étais bel et bien devenue maman. Sa maman.

Et les médecins le disaient : « Il n'est pas le même dès lors que vous franchissez le pas de la porte de sa chambre ».

Son papa en a aussi fait le constat. Il m'a dit que nous avions une relation particulière depuis le début. Lui aussi a vu que dès que nous nous trouvions dans la même pièce, tout changeait.

La connexion entre nous a été rompue la première fois qu'on l'a arraché à moi. Elle a vite été rétablie lors du premier peau à peau, lorsque son petit pied a fait ce mouvement qu'il faisait déjà dans mon ventre. Et là j'ai réalisé que c'était bien lui.

Alors que suis-je maintenant ? Il m'a fallu du temps pour comprendre que j'étais maman et maintenant ? Une maman sans enfant est-elle encore une maman ?

Son papa m'a dit « Tu as été, tu es et tu resteras ».

Parfois je me dis que j'aimerais être avec lui et je me ravise. Non, c'est lui qui devrait être avec nous. Nous, qui l'aimons tellement et qui l'attendions.

En si peu de temps à ses côtés, il a réussi à nous faire réaliser tellement de choses...

Il est possible d'aimer quelqu'un à l'infini, de tout faire pour cette personne, quitte à nous perdre nous même.

Thomas m'a impressionnée. J'ai toujours su que c'était lui.

À la naissance de Marius, il a passé son temps entre lui et moi. Il a su trouver les mots, les gestes, aussi bien avec son fils qu'avec moi. Il a fait pareil après son départ. Parfois il est maladroit, mais il est impressionnant. J'ai toujours su que je voulais passer ma vie, me marier et avoir des enfants avec lui. Je savais qu'il serait un bon père, malgré ses doutes. Je n'imaginais pas à quel point. Je n'ai jamais connu un papa aussi parfait. Il aurait tout fait pour son bébé. Et pour moi. Je le réalise à présent.

En si peu de temps Marius m'a fait aimer comme jamais je n'avais aimé avant. Lui en premier lieu, mais aussi son père. Je l'ai toujours aimé, mais j'ai découvert une autre forme d'amour, grâce à notre fils et à ce qu'il a su révéler en nous.

Les enfants ont cette capacité à nous faire nous surpasser, à endurer le pire et à nous relever pour eux. On ne peut réellement le comprendre que quand on le vit.
Marius n'est plus là mais pour lui, pour nous, nous allons continuer. Il s'est tellement battu que nous lui devons ça. Il a été fait dans l'amour et l'a symbolisé, l'a fait évoluer, l'a magnifié.
Que suis-je à présent, maintenant qu'il n'est plus là ? Une chose est sûre, c'est lui, Marius, qui m'a fait devenir Maman. Il est et restera mon bébé, mon amour, celui qui m'a rendue Maman.

21 mars 2020

Un mois.

Aujourd'hui, ça fait un mois que Marius est parti...
et le temps est en adéquation avec ma tristesse. Il
devrait être avec nous, je devrais être en train de
m'occuper de lui.
Ce confinement ne change pas grand chose pour
moi. Je ne sortais plus beaucoup depuis son départ.
Et ces masques dont tout le monde parle, je les ai
tellement portés... à cause d'eux, je n'ai jamais pu
l'embrasser sans une barrière. Enfin si, parce que
j'ai transgressé les règles deux fois. Voilà, en
presque trois mois, je n'ai posé mes lèvres que deux
fois sur sa peau.

Thomas pense que Marius s'amuse, de là où il est,
en voyant le monde entier porter des masques, lui
qui n'a connu que cela. Moi je suis incapable d'en
porter et n'accepte que ceux en tissu, pas les chirur-
gicaux.

Je pense à ces mamans qui sont en train de vivre ce
que j'ai vécu et me demande comment ça se passe
dans les services. Peuvent-elles voir leur bébé ?
Vont-ils survivre ? Et les machines à oxygène ? Et
là je me dis qu'au moins, on n'a plus à s'inquiéter
de ça pour lui.
Quand je vois des parents se plaindre d'être confi-
nés avec leurs enfants j'ai envie de leur hurler «
Mais vous, vos enfants sont vivants ! Profitez-en,
embrassez-les, câlinez-les ! Moi je ne peux plus le

faire ».

Il est parti depuis un mois aujourd'hui. Un mois sans le voir, sans le toucher, sans contempler son sourire, sans caresser ses cheveux, sans sentir ses petits doigts se refermer sur le mien...

Il me manque. Terriblement.
Mon amour. Mon Marius.

26 mars 2020

Ça n'aurait pas dû se passer comme ça.

Lundi, j'ai voulu reprendre le yoga.
Cette discipline, que j'ai commencé à pratiquer avant même de tenter de faire un enfant, m'a énormément apporté, que ce soit au niveau corporel que spirituel.
Grâce à ça, j'avais enfin des réponses à mes questions, des croyances dans lesquelles je me retrouvais, avec lesquelles j'étais en accord.
Ça m'a transformée.
Et puis je me suis retrouvée enceinte. J'ai arrêté un temps, pour ne prendre aucun risque et j'ai repris dès que possible car j'en avais besoin et que ce n'était pas déconseillé.
Au rythme des séances, je sentais Marius bouger avec moi. Et je me détendais, je retrouvais cette sérénité, ces pensées qui me confortaient. J'étais tellement à l'écoute de mon corps que j'ai réussi à le sentir bouger très tôt !

Je comptais continuer après sa naissance, lui faire découvrir et vivre ça avec lui.
Ça aurait dû continuer. Il aurait dû être dans mon ventre plus longtemps. J'aurais dû cocooner à la maison avec notre chienne Nobelle, aller faire les marchés de Noël, voir mon ventre s'arrondir davantage, passer les fêtes de fin d'année enceinte et rayonnante, commencer la nouvelle année ainsi et

puis, un jour, aller à la maternité, le mettre au monde le serrer dans mes bras, pleurer de joie et rentrer avec.

On serait à la maison, ensemble, lui, son papa, Nobelle et moi. Une famille. Notre famille.

C'est comme ça que ça aurait dû se passer.

Mais cette maladie s'est déclenchée et il a dû naitre plus tôt que prévu.

Ce corps que j'avais appris à aimer, à connaitre, à considérer comme un temple... m'a trahie, nous a trahis.

J'ai perdu mes croyances, mes espoirs, mes rêves. J'avais trouvé un sens à ma vie et je l'ai perdu. J'ai perdu mon amour.

Et ce petit corps qu'il habitait, tellement parfait... un bout de moi et de son papa... Un mélange de nous deux. L'incarnation de notre amour. Son nez, ses oreilles, mes yeux, mes cheveux...

En peu de temps, nous avons appris à le connaitre, à savoir comment l'apaiser... Parfois, en mettant telle ou telle musique, en faisant telle ou telle chose, nous ne pouvions que dire "Ah oui, c'est bien notre fils !".

Ce petit corps dans lequel Marius s'est incarné s'est épuisé.

Ce petit corps que nous avions fabriqué... n'est plus.

On me dit que même s'il n'est plus là physiquement, il est partout. Mais ça ne me suffit pas.

Parfois, en y repensant, je me dis qu'il était vraiment parfait.

Malgré sa naissance prématurée, il était magnifique.

Malgré les complications, il s'accrochait.

Malgré les problèmes, il les surmontait.

Son minuscule corps a réussi à surmonter tellement d'épreuves...

Il était très fort, mais un jour il s'est épuisé.

Je pense que notre amour l'a aidé à aller plus loin que prévu.

Je pense que le bébé que j'étais en train de fabriquer étais tellement fort qu'il a réussi à endurer énormément.

Ce corps qui m'a trahie a quand même réussi à faire un bébé parfait.... mais pas fini.

Oui, j'étais en train de créer un bébé parfait, mon bébé parfait... mais je n'ai pas eu le temps de terminer.

Ça n'aurait pas dû se passer comme ça.

29 mars 2020

Les dates... Ces fameuses dates anniversaires...

Il y a un an, pour mes vingt sept ans, j'ai fait un voeu: "Je souhaite que l'année prochaine, à mon vingt-huitième anniversaire, je sois ou enceinte, ou maman".

Aujourd'hui, pour ce fameux vingt-huitième anniversaire, je suis maman. Une maman désenfantée.
Une maman qui a perdu son enfant. Une maman qui aurait aimé passer son anniversaire avec tous les gens qu'elle aime et qui, finalement, n'a aucune envie de fêter quoi que ce soit et qui, de toutes façons, ne peut le passer avec personne à part (heureusement !) son amoureux et sa chienne.

J'aurais aimé qu'il soit là. Ça n'aurait pas dû se passer comme ça.

Le 21, ça a fait un mois qu'il est parti. Le 25, il aurait eu quatre mois. Le 29, nous aurions du fêter mon anniversaire en famille.
Et ces dates vont revenir sans cesse.
Le 21 avril, ça fera 2 mois. Le 25 avril, il aurait eu cinq mois, etc, etc, etc...

Et puis un jour, ça fera un an. Puis deux. Puis trois...

Je dois apprendre à supporter son absence. Je dois continuer à vivre dans ce corps qui nous a trahis et regarder le monde avancer, continuer à tourner alors que tout s'est arrêté pour moi. Pour lui.

Ça n'aurait pas dû se passer comme ça. Je le répète sans cesse.

Il y a un an, je m'imaginais dans notre jardin, entourée de tous les gens que j'aime et lui, dans mon ventre ou à nos côtés. Le soleil aurait brillé, notre mirabellier aurait été en fleurs... On aurait été tous ensemble, heureux, souriants...

Le mirabellier est en fleurs. L'année prochaine sera différente... Je l'espère.

21 avril 2020

Aujourd'hui, ça fait deux mois que Marius est parti... Le temps fait son oeuvre. Je suis sortie de ma torpeur, je ne pleure plus tous les jours, mais je pense à lui quotidiennement.

Je m'inquiète aussi. Va-t-il bien ? A-t-il retrouvé nos proches déjà envolés ? Prennent-ils bien soin de lui ?

Peu à peu, j'essaie d'arrêter de me dire "Je devrais être en train de... " en pensant à ces moments avec lui que nous n'aurons jamais. J'essaie d'admettre (et non pas d'accepter) que nous ne partagerons plus de moments ensemble, que les seuls que nous aurons jamais sont déjà passés.
Je lui fais une place afin d'en laisser une autre à ses futurs frères et soeurs.
Mais quel gâchis...

Il était tout ce que nous souhaitions, tout ce que nous voulions. Il était parfait. Nous aurions été tellement heureux...
J'ai eu ma mère au téléphone. Elle aussi pense à lui très souvent. Elle m'a demandé comment je faisais, car elle, elle a très mal. Je lui ai répondu que je n'avais pas le choix, que j'essayais de penser à lui avec le sourire, même si parfois, les larmes s'en mêlent.
Elle aussi me dit "Nous aurions été tellement heureux".

Nos vies devraient être bien différentes actuellement.

En deux mois, autour de moi, j'ai assisté aux annonces de trois accouchements et cinq grossesses. Et non, je n'arrive pas encore à me réjouir. J'envie ces femmes enceintes pour leur insouciance et j'envie les autres pour leur bébé en pleine santé, en vie. Quel gâchis.
Je devrais être en train de me réjouir et de lui annoncer qu'il allait avoir des copains pour jouer. Mais non.

Hier, j'ai fait un tri dans mes musiques. Il y en a une qui s'appelle "*Happiest man on earth*". Je me suis souvenue de la dernière fois que je l'avais écoutée: j'étais dans la voiture et je rentrais du travail. Je me doutais que c'était mon dernier jour et j'imaginais qu'à partir de là, j'allais rester à la maison à cocooner, à l'attendre en le faisant grandir en moi... Et je me disais "à peu de choses près, c'est tout à fait ça: je suis la *femme* la plus heureuse du monde": j'avais tout ce que je voulais, j'étais exactement là où je voulais être. Tout était parfait.
Quel gâchis...

23 avril 2020

Mon Marius,

Aujourd'hui il faisait beau. C'était très agréable. Et je suis sûre que tu aurais aimé.

Je t'aurais installé dans notre jardin, près de moi, à l'ombre du poirier... tu aurais ressenti la légère brise du vent et quelques rayons de soleil t'auraient réchauffé. Peut-être aurais-tu gazouillé ?

Un jour, on se retrouvera. Et nous pourrons vivre la vie que nous n'avons pas eue. Il faudra nous attendre un peu, ton papa et moi, mais un jour on se retrouvera. Nous avons encore des choses à faire ici.
En attendant, tu veilles sur nous.

Je ne sais pas s'il y a un quota de souffrance à endurer dans une vie, mais si c'est le cas, je pense avoir eu mon compte. J'ai même fait des heures supplémentaires.
Alors maintenant, c'est à toi de veiller à ce que la Vie soit douce avec nous. Il y a du boulot, j'en suis navrée, mais comme personne ne semblait vouloir endosser ce rôle, il semblerait que c'est à toi qu'il revient. J'en suis désolée mon amour.
Mais je te promets qu'une fois que je me serai réconciliée avec la Vie et que je l'aurais bien vécue, alors je te rejoindrai.

Je m'excuse aussi par avance pour tous ces câlins et bisous que je te ferai, mais il va bien falloir rattraper tous ceux que je n'ai pas pu te procurer. Tu en auras marre, mais c'est comme ça. Je te prendrai dans mes bras et je te serrerai contre mon coeur tellement fort que tu l'entendras battre, même si pour te rejoindre, il aura dû s'arrêter.

Ce n'est pas pour tout de suite, il va falloir attendre mon Amour. Je dois encore raconter ton histoire, continuer à te faire vivre à travers moi, à travers nous et à travers tes futurs frères et soeurs.

Alors veille bien sur nous mon ange. Je t'aime à tout jamais.

10 mai 2020

J'ai entendu des pleurs. Ceux d'une petite fille.

J'ai essayé de me souvenir des siens. J'ai eu du mal, mais j'ai réussi. Et j'ai pleuré.
Pleuré parce que lui le faisait, c'est donc que quelque chose n'allait pas. Et aussi parce que j'oublie. Mais peut-être est-ce mieux ainsi ? Ses pleurs signifiaient que quelque chose n'allait pas.
En même temps, tous les bébés pleurent, alors finalement, est-ce mieux ?

J'oublie, alors j'écris pour ne pas oublier tout, car je ne le supporte pas. Ce que je ne veux surtout pas oublier, ce sont ces petits soupirs d'aise qu'il poussait quand il était contre moi. Ceux là sont tellement précieux. Je ne peux pas, je ne dois pas oublier.

19 mai 2020

Mon Marius,

88 jours.

Autant de jours passés avec que sans toi mon amour.
Mais pas un sans que je ne pense à toi, sans que ce vide, cette absence, ce putain de trou dans le coeur et dans le ventre, cette cicatrice... ne me rappellent à quel point tu me manques et à quel point je t'aime.
Pour toujours.

25 mai 2020.

Mon Marius,

Comme le jour de ta naissance, le passage du 24 au 25 se fait d'un dimanche au lundi.

Tu aurais eu six mois aujourd'hui... presque autant de temps passé dans mon ventre.

Je réalise que je suis celle qui a le plus profité de toi car je t'ai porté. Mon ventre était tellement peu voyant qu'un jour, on m'a dit « Vous le portez près du cœur madame ».

J'ai trouvé ça très beau, très vrai.

À présent, je n'ai plus que cette option : te garder dans mon cœur, dans ma tête, dans mes souvenirs.

Dans la peau aussi, car j'ai fait un tatouage en ton honneur. Nous allons en refaire un dès que possible, ton papa et moi.

Mais je te jure mon Marius que quoi qu'il arrive, jamais nous ne t'oublierons ni ne cesserons de t'aimer.

Encore maintenant quand je regarde les étoiles, quand je vois un arc-en-ciel, un papillon, un scarabée, une libellule, un petit oiseau, une plume, je pense à toi.

J'essaie de voir des signes que tu pourrais m'envoyer. Un soir, après te l'avoir demandé, tu l'as fait en m'envoyant une étoile filante.

Cela peut paraître puérile, mais j'ai besoin de m'accrocher à ces petites choses, à toi. J'ai aussi mes petits rituels, que je réalise matin et soir, mais que je garde pour moi.

J'ai fait faire différents bijoux à ton nom, car il est tout ce qu'il me reste de toi. Alors je le prononce souvent. Marius. *Oh ! Ça fait du bien de l'utiliser. J'ai besoin de parler de toi, de raconter ta vie, de montrer quel courage tu avais, de permettre aux gens de te rencontrer malgré tout, alors je parle, j'écris, je montre tes photos, je raconte ton histoire. Je te raconte.*

Et ça va mieux.

4 juin 2020

Aujourd'hui, c'est un jour sans. Ça arrive encore beaucoup même si, avec le temps, j'arrive à avoir des jours « avec ».

Thomas est au travail, ce qui me permet de craquer sans l'affecter.

Il n'y a pas forcément de raison, ça arrive souvent sans prévenir. Parfois, c'est à cause d'une image, d'un souvenir, ou bien d'un message, d'une photographie. Il arrive aussi que ça soit à cause des autres et de leurs vies tellement plus heureuses que la mienne actuellement.

Je déteste cet entre-deux dans lequel je suis. Entre deux vies.

Et il y a ces fois où, dès le réveil, je me dis que ça sera une journée sans. Comme aujourd'hui. J'essaie pourtant de déjouer cela : je fais du yoga, de la méditation, j'appelle des amis... Mais ça arrive tout de même.

Je me suis déjà retrouvée en pleurs sur mon tapis de yoga car les émotions étaient trop fortes. C'est même arrivé lors d'une journée « avec ».

Aujourd'hui, je n'avais aucune motivation, mais je savais que si je continuais, ça empirerait. J'ai donc sorti mon tapis. Ça m'a fait énormément de bien. Et puis, je me suis préparée pour la journée et j'ai craqué.

Je me suis encore posé la question, la fameuse question : pourquoi ? Pourquoi lui ? Pourquoi moi ? Aurais-je pu faire quelque chose de plus, de moins ? Et si je n'avais pas fait cela, et si j'avais...

Et je réalise que non.

Pour la première fois, je réalise que je n'aurais rien pu faire de plus et que même si je n'avais pas fait certaines choses, l'issue aurait été la même. Peut-être pas à la même date, peut-être pas pour les mêmes raisons, mais ça serait arrivé.

Depuis son départ, j'ai essayé beaucoup de choses pour « aller mieux », pour traverser tout cela : yoga, relaxation, méditation, lecture, écriture, discussion, aide, travail, sport, sorties, confinement ! J'ai vu différents films aussi.

J'ai toujours été fascinée par les œuvres qui évoquent les voyages dans le temps, la modification d'un événement plus ou moins grand qui impacterait l'avenir, qui impacterait la vie... et donc la mort.

Dans toutes les œuvres lues ou visionnées sur le sujet du deuil ou sur le temps et ceux qui essaient de changer son cours pour une raison ou une autre, le résultat est toujours le même. On ne peut modifier les évènements. On peut éventuellement les retarder, dévier le déroulement des choses, mais le destin finit toujours par nous rattraper.

On ne peut pas gagner contre le temps. Il est inexorable. On ne peut pas revenir en arrière et même si c'était possible, ça ne changerait rien.

Si je n'avais pas eu cette maladie, il lui serait probablement arrivé autre chose. Pour la première fois, je réalise que rien n'aurait pu le sauver et qu'il n'était probablement pas fait pour ce monde.

Je reste bloqué sur les « Et si ? » et les « Pourquoi ? » et je comprends qu'il est inutile de continuer à se morfondre sur le passé : ce qui est fait est fait, rien ne pourra plus jamais le changer et même si cela était possible, la finalité serait la même.

Ce qu'il s'est passé est abominable. Personne ne devrait avoir à vivre cela.

Je ne comprends toujours pas pourquoi, moi qui suis sensible au karma et au destin. Si quelque chose doit arriver, c'est toujours pour une bonne raison. Là, je n'en trouve pas. Que pourrait-il découler de bon de tout cela ? Et pourquoi a-t-il fallu en passer par là ? Je n'avais donc pas suffisamment souffert auparavant ? Et les autres, à qui il n'arrive presque jamais rien... pourquoi est-ce que ça continue ?

J'en viens malgré moi à être aigrie. Je suis en colère, je suis triste, j'ai mal.

Je suis fière d'être la maman de ce merveilleux petit garçon. Il était tellement fort, courageux, intelligent, beau... oui, je suis fière de lui. Et tellement triste qu'il ait dû partir. Je regrette que sa vie n'ait été que souffrance et combat. J'en suis tellement désolée, ce n'est pas ce que je voulais lui offrir. J'espère seulement que nos moments ensemble ont été suffisamment doux pour qu'il sache ce que la vie aurait pu être, à quel point nous l'aimons et à quel point nous l'attendions.

Aujourd'hui, je suis triste, mais aussi fière d'avoir connu cet être merveilleux qui n'était pas fait pour ce monde. Aujourd'hui, pour la première fois, je réalise que rien n'aurait pu le sauver. Je dois maintenant découvrir pourquoi ? Ou le pour quoi ? Pour qui ? La réponse ne se trouve pas dans le passé, mais dans l'avenir.

Je pense à ces moments, ces projections que je me faisais de nous, de ce qui aurait pu, de ce qui aurait dû se passer. Parfois, alors que nous faisons certaines choses, je me dis qu'il aurait dû les vivre avec nous, comme cette promenade l'autre soir, avec Thomas et Nobelle. Tout le long, je me disais qu'il aurait dû être contre moi ou contre son père et que nous aurions passé un moment agréable.

Ou encore hier, lorsqu'un orage a éclaté. Je me suis demandé s'il aurait eu peur et je me voyais essayer de le calmer, de le rassurer. Thomas m'a dit que selon lui, oui, il aurait pleuré, mais il aurait surtout été dérangé, comme avec les machines qui bipaient à la maternité.

Oui, c'est vrai, il n'aurait peut-être pas été effrayé, mais ça l'aurait embêté, contrairement à Nobelle qui elle, a peur et ne peut s'empêcher de venir dans notre chambre pour dormir avec nous !

Alors j'imagine que s'il avait grandi, il aurait vite compris le manège de Nobelle et notre lit se serait vite trouvé envahi. Nous en avons ri et nous sommes dit que... nous vivrons cela, un jour, avec ses frères et sœurs.

Ces choses que nous devions vivre ensemble n'arriveront jamais. Pas avec lui. Je dois m'y faire. Mais je dois croire en un futur où ces moments se produiront avec d'autres. D'autres que lui, qui n'auraient jamais vu le jour s'il était resté parmi nous, car nous aurions attendu davantage.

Nous commençons à envisager la question. Jusqu'à très récemment, nous n'étions pas prêts et il est hors de question que nous fassions un « bébé de remplacement ». Chacun doit avoir sa place.

Mais nous nous imaginons de plus en plus avec un bébé. Un autre bébé et non plus uniquement Marius. Peut-être bientôt... ?

7 juin 2020

Aujourd'hui, c'est la fête des mères. Elle a un goût amer cette année. Car c'est malgré tout ma fête aussi, mais Marius n'est pas là.

Pourtant, moi aussi je suis maman.

J'ai porté un enfant, l'ai senti bouger (et qu'est-ce qu'il bougeait) ! Lui et moi avons cohabité pendant plusieurs mois. D'ailleurs, il y a un an, il était déjà dans mon ventre, mais je ne le savais pas encore.

Et puis, il est né. Je l'ai pris dans mes bras, je l'ai nourri de mon lait, j'ai calmé ses pleurs, j'ai apaisé ses craintes. J'ai fait des nuits blanches, je me suis inquiétée, j'ai souffert, j'ai pleuré, mais j'ai ri aussi. Je l'ai vu évoluer, grandir, développer son caractère, devenir un être à part entière.

Je l'ai porté au creux de mon ventre et de mes bras. J'ai eu le privilège de passer plus de temps avec lui que quiconque sur cette terre. Et je l'ai aimé. Oh oui, je l'ai tellement aimé ! De cet amour si fort qu'il prend aux tripes au point d'en faire mal, cet amour viscéral que seule une maman peut connaître.

J'ai cependant vécu ce qu'aucune mère ne devrait vivre : sa perte. J'ai dû le laisser partir, s'envoler.

Je me demande encore pourquoi c'est arrivé, ce que j'ai fait, ce que nous avons fait pour mériter cela. Mais je ne trouve aucune réponse.

Tout ce que j'ai maintenant, ce sont les souvenirs, ces moments passés avec lui qui n'appartiennent qu'à nous.

Et ces voyages, que nous avons faits malgré tout, lorsqu'il était dans mon ventre.

Je l'ai emmené en Normandie, sur les falaises d'Etretat, dans les Vosges, en Bretagne, en Irlande, à Malte et à Gozo. Je l'ai fait aller chez ses grands parents, chez sa marraine, mais aussi chez nous. Je l'ai aussi emmené à l'école, fait prendre l'avion, le train, le bateau, ainsi que la voiture. Il a rencontré notre famille, nos amis, mes collègues, mes élèves.

Pendant tout ce temps que nous étions ensemble, nous avons vécu des aventures, alors qu'il était bien au chaud, près de mon cœur.

C'est là qu'il demeure à présent. Dans mon cœur, sur ma peau, dans ma tête.

Il a fait de moi une maman. Peu importe ce qu'il s'est passé : où qu'il soit, où que je sois... le temps qui passe et les nouvelles aventures qui nous attendent... Il est mon fils. Je suis et je resterai sa maman. Et pour toujours, je l'aimerai.

15 juin 2020

Il y a un an jour pour jour, j'apprenais la plus belle nouvelle de ma vie. Que de choses se sont passées depuis...

Dans la nuit, je n'ai pas arrêté de penser à Marius et à celle que j'étais il y a un an.

« Là, j'étais à quelques heures de savoir », « Là, je ne me doutais pas que je partageais déjà mon corps avec un petit être »...

Impossible de dormir. J'ai même imaginé une autre manière de raconter son histoire : sous forme de conte[1].

J'ai réfléchi aussi.

Si je pouvais revenir en arrière... Le ferai-je ?

La réponse est non. Bien sûr que j'aimerais passer à nouveau du temps avec mon fils. Voyage dans le temps, clonage, rêve... J'ai tout imaginé ! Mais revenir un an en arrière, revivre tout ça... non. La fin serait la même. Je souffre encore et compte sur le temps pour panser mes plaies. Revenir en arrière serait terrible car oui, je passerais du temps avec Marius, mais je devrais à nouveau le perdre.

Pour ne plus y penser, je me lance dans un nouveau projet, repeindre tous les meubles de la cuisine.

[1]Valentine P., *La petite étoile et l'arc-en-ciel*, Books on Demand, 2020.

18 juin 2020

Pour la première fois cette nuit, j'ai rêvé de Marius. Thomas y parvient sans problème contrairement à moi qui désespérais de passer encore quelques moments avec mon bébé.

Je me suis donc réveillée avec le sourire ce matin.

Il avait grandi mais était toujours aussi magnifique. Je passais du temps avec lui, l'embrassais, le câlinais... Je prenais des photos et des vidéos pour ne rien oublier car... Oui, même dans mon rêve, je savais que c'était temporaire et que je devrais le laisser partir après.

Ça a toujours été le cas. Depuis sa naissance, jamais je n'ai pu garder mon bébé avec moi. J'ai toujours dû le laisser. Personne ne devrait avoir à vivre ça.

28 juillet 2020

Je viens de regarder des épisodes d'une série que j'aime beaucoup. Je ne m'attendais pas à replonger dans cet univers que nous avons quitté il y a quelques mois mais ce fut le cas. L'un des personnages doit accoucher à vingt huit semaines de son petit garçon... Presque comme nous.

Alors bien sûr, son bébé est placé dans un incubateur, a des aides pour respirer etc... Et malgré plusieurs raccourcis, heureusement pour eux, ils finissent pas ramener leur tout petit bébé à la maison.
J'ai pleuré. Beaucoup pleuré.
Marius n'a pas eu cette chance de rentrer et chaque jour je pense à lui, à cette vie que nous aurions dû avoir à ses côtés.
Il me manque tellement...
J'essaie de voir les bons côtés de ce que tout cela nous a apporté malgré tout, mais c'est extrêmement difficile.
C'est ma mère qui m'a appris à faire ça: trouver le bon dans les pires situations.
Il n'y en a pas dans un tel cas, mais je n'ai pas le choix que d'essayer d'en trouver.
J'estime que je n'avais pas besoin de vivre tout cela et lui encore moins, mais le fait est que ce choix ne m'a pas été donné. C'est arrivé et on ne peut revenir en arrière.

Marius nous a appris à nous surpasser, à aller au delà de nos limites physiques et mentales.

J'ai lu un livre dans lequel le personnage se demandait si notre âme ne choisissait pas sa vie en fonction de plusieurs critères, qui la ferait évoluer. Parfois, le simple choix d'un prénom pourrait déterminer ce choix.

Mon prénom signifie "forte, vigoureuse". Et en effet, toutes ces épreuves endurées n'ont fait que me rendre plus forte. Mais pourquoi ? N'y avait-il pas d'autres moyens ? N'en avais-je pas déjà fait suffisamment ?

Et lui ? Pourquoi aurait-il choisi ce destin ?

Et pourtant, en si peu de temps sur terre, il a eu tellement d'impact... Etait-ce ce qu'il cherchait ? Avoir un impact et être aimé profondément tout au long de sa vie et au-delà ? Si tel est le cas, alors il peut compter sur moi, je fais et continuerai à faire ce qu'il faut.

Il nous a aussi fait comprendre ce qui était réellement important et à relativiser.

Nous savons également son papa et moi, sur qui nous pouvons compter. Moi, je peux compter sur lui, sur notre famille et sur nos amis. Certains se montrent maladroits parfois, mais c'est compréhensible. Comment savoir de quelle manière réagir dans une telle situation ? Rien n'est normal, alors les réactions sont en adéquation. Il n'y a pas de mode d'emploi.

Il y a ceux qui essaient et ceux qui n'osent pas. Ceux qui compatissent et ceux qui se rassurent en comparant leur situation à la nôtre. Ceux qui ont peur de mal faire et ceux qui ne font rien (heureusement, ces derniers sont moins nombreux et parfois, mieux vaut qu'il continuent à ne rien faire). Il y a aussi ceux qui se révèlent être des soutiens inattendus.

En fait, la plupart a peur de nous faire mal au coeur, mais ce dernier étant déjà brisé, ils ne risquent pas grand chose. Au contraire, je leur explique que leurs mots, leurs pensées sont des moyens de panser les plaies. Alors, ils font tout ce qu'ils peuvent et je ne les en remercierai jamais assez. Le simple fait qu'ils pensent à Marius m'aide: non il ne sera pas oublié. Il fait "partie de la bande", ils sont plusieurs à me l'avoir dit et ça m'a fait un bien fou.

Certaines paroles sont difficiles à entendre, certaines situations difficiles à vivre. Tous essaient de se montrer compréhensifs, sans savoir ce que l'on peut ressentir. Ils peuvent *imaginer*, mais ne *savent* pas.

Ils ne pensent pas que certains bruits, certains gestes, certains lieux et même certains vêtements réveillent en moi des souvenirs douloureux, ou que voir un nourrisson, même à la télévision, me fait pleurer.

Ils ne se doutent pas que je pleure la nuit et que parfois, je vais m'isoler pour ne réveiller personne ou que le matin, je me retiens de regarder l'heure, de peur de tomber sur celle à laquelle il s'est envolé.

Ils ne songent pas que chaque matin et chaque soir, j'ai mes "rituels" pour lui dire bonjour puis pour lui souhaiter une bonne nuit, que je m'adresse à lui en regardant une photo ou une étoile, ni que je dors avec son doudou.

Ils n'imaginent pas ce que ça fait quand je reçois du courrier me rappelant de faire ses visites médicales ou des mails me proposant des produits pour un bébé de l'âge qu'il devrait avoir, mais qu'il n'aura jamais.

Ils ne savent pas que malgré le temps qui passe, il y aura toujours des jours avec et des jours sans.

Ils ne réalisent pas que les moments passés en famille sont douloureux, car même si tout le monde est là, en réalité, ce n'est pas le cas, il manquera toujours quelqu'un...

À moins de l'avoir vécu, personne ne sait ce que ça fait de vivre alors qu'une partie de soi est morte.

Mais ils sont là.

Je ne sais pas *pourquoi* tout cela est arrivé. Mais à présent, je commence à percevoir les effets que cela a eu.

Nous ne serons plus jamais comme avant et peut-être est-ce pour le mieux. Je ne pense pas que tout cela était nécessaire, mais comme je ne peux rien y changer, je vais tout faire pour que tout ne se soit pas produit en vain. Je veux que mon fils soit fier de moi, de nous. Je ne perds pas espoir. Il a été, est et restera ma lumière.

Printemps

LA RESILIENCE

25 août 2020

Mon amour, aujourd'hui tu aurais eu neuf mois.

Neuf mois... Le temps d'une grossesse « normale ». En âge corrigé, tu aurais environ six mois. Au lieu de cela, cette durée correspond à celle de notre cohabitation dans mon ventre... et de ton départ. Neuf mois que nous avons fait ta connaissance, six mois que nous avons dû te laisser partir.

Mais es-tu réellement parti ?

Depuis toujours, nous avons ce lien indéfectible qui transcende tout.

Nous nous aimions avant même de nous rencontrer. Deux âmes accrochées l'une à l'autre qui n'attendaient que de se rencontrer et de se retrouver.

Nous nous retrouverons.

Nous sommes-nous jamais vraiment quittés ? Toi là bas, entre terre, ciel et mer et moi ici, mais à jamais ensemble, ne serait-ce qu'en pensées ?

Comme l'a dit Victor Hugo « Tu n'es plus là où tu étais, mais tu es partout où je suis ».

Où que j'aille, quoi que je fasse, tu es toujours là. Dans ma tête, sur ma peau, dans mon cœur. Je parle de toi, je pense à toi et de plus en plus, je le fais en souriant. Quand je vois une plume, une coccinelle, un cœur, je me dis que c'est toi qui me fait part de ta présence et je suis apaisée.

Parfois, il m'arrive de m'attrister en découvrant certaines histoires de parents ayant perdu leur enfant... Avant de me rappeler que j'en fais partie et que d'autres s'attristent de notre *histoire.*

D'ailleurs, beaucoup de personnes me disent « Je ne sais pas comment tu fais ». Souvent, cette phrase est accompagnée de « Moi, je ne pourrais pas » ou « Tu es tellement courageuse ».

Je ne sais pas si c'est une question de courage. Je ne sais rien à vrai dire. D'ailleurs, je ne sais pas non plus comment je fais *: il n'y a pas de mode d'emploi. Je n'ai juste pas le choix.*

Ma grand-mère, qui a malheureusement connu elle aussi l'horreur de perdre son premier enfant (sa fille de treize ans), m'a dit il y a quelques temps : « La douleur, c'est comme un rocher coupant. Ça fait mal, mais la mer passe et repasse à tel point qu'un jour, c'est plus doux, plus lisse et c'est moins douloureux».

Depuis ton départ, je suis passée par beaucoup de phases, beaucoup d'étapes et de questionnements. J'ai beaucoup lu et écrit. J'ai repris le yoga et la méditation renouant peu à peu avec la spiritualité. Je suis parvenue à retrouver un peu de magie dans la vie. J'ai demandé de l'aide et en ai apporté dès que possible. Je me suis lancée dans de nouveaux projets. J'ai osé m'affirmer et dire non quand cela était nécessaire.

Petit à petit, je me suis retrouvée, tout en découvrant une nouvelle facette de moi-même. Je ne serai plus jamais la même. Nous *ne serons jamais plus comme avant.*

Alors, peu à peu, je m'autorise à croire de nouveau en l'avenir et même au bonheur. Je relève tous les signes et dernièrement je voyais des arcs-en-ciel partout...

Tu as été le premier au courant mon amour. Tu vas devenir grand frère.

Cela fait un moment que je n'ai pas écrit.

Je le fais quand j'en éprouve le besoin, mais derniè-rement, je parle directement à Marius, en regardant ses photos.

Je parle aussi à sa petite sœur ou son petit frère qui va très bien d'après les derniers examens.

Retourner dans la maternité où Marius est né, où il a vécu et d'où il est parti a été très dur, mais je sais que c'est la meilleure chose à faire. J'ai donc franchi cet ultime cap : retourner là-bas, alors que je n'y étais pas allée depuis ce 21 février...

Alors ce 26 octobre, j'ai pensé à lui, à son petit frère ou sa petite sœur, à notre histoire... Et entre la peur, la joie, le stress, la tristesse et les hormones... le ré-sultat de ce cocktail était inévitable : j'ai pleuré sur le trajet.

Je me rappelle de cette échographie pour Marius... Son papa et moi l'avons vu bouger et sucer son pouce (ce qui m'avait fait pleurer, évidemment). Alors bien sûr, je me demandais si ce bébé arc-en-ciel en ferait autant... Et à mon grand bonheur, il ou elle a montré son énergie tout en étant différent de son frère : c'est un bébé « de bonne vitalité » d'après le rapport des échographistes. Avant même d'en-tendre les battements de son cœur, je le voyais bou-ger dans tous les sens et se balader dans mon ventre.

Lui comme Marius ont d'ailleurs le même sens de l'humour : il ne faut pas les déranger. Ainsi, son dos était face à nous dès le départ et ses déplacements incessants rendaient l'examen compliqué ! Mes rires n'ont rien arrangé à la situation, alors même que je pensais pleurer au cours de cet examen...

Quel bonheur de voir à nouveau tant de vie, tant de similitudes et en même temps, tant de différences... Je suis heureuse de voir qu'ils sont bien deux enfants différents, tout en ayant des caractères semblables. Marius est bien son grand frère et il a dû lui donner quelques conseils avant son arrivée dans nos vies !

Cette grossesse est différente de la première, pour laquelle je n'ai eu aucun symptôme. Mon ventre avait mis du temps à se voir et pendant longtemps, le fait d'être enceinte n'était presque qu'une information à traiter par mon cerveau.

Cette fois-ci, c'est l'inverse : je découvre les maux de grossesse, m'amuse d'avoir des nausées, d'éprouver du dégoût pour certaines choses, de sentir mon ventre grossir... Celui-ci est d'ailleurs aussi gonflé qu'il l'était pour Marius entre quatre et cinq mois de grossesse, quand on me demandait encore de confirmer que j'étais bien enceinte de cinq mois et non de cinq semaines...

Peut-être qu'inconsciemment, j'ai souhaité ressentir tout cela. Il *fallait* que cette grossesse soit différente et elle l'est sur tous les points. Pour Marius, je ne me suis sentie enceinte qu'à partir du moment où je l'ai senti bouger. Fort heureusement, c'est arrivé tôt, mais sa naissance aussi. Ainsi, alors que j'avais à peine eu le temps de réaliser que j'étais enceinte, on le retirait de mon ventre.
Pour cette grossesse, les maux et toutes ces différences ressenties ont fait que je me suis sentie en-

ceinte dès le départ. J'en avais besoin. Tellement besoin...

Aujourd'hui, j'ai lancé la publication de ce conte pour enfant, imaginé lors d'une de mes insomnies, après le départ de Marius. C'est d'ailleurs grâce à ce livre que nous souhaitons annoncer qu'il va devenir grand frère... Oui, cette fois-ci, nous prenons notre temps, nous gardons notre secret au chaud le plus longtemps possible.

Ce livre, il est pour eux, mes deux enfants, mon étoile et mon arc-en-ciel... Il est aussi là pour aider d'autres parents comme leur père et moi à expliquer certaines choses à leurs enfants... Notamment la prématurité, dont c'est la journée mondiale aujourd'hui. D'ailleurs, est-ce vraiment un hasard si j'ai pu lancer la publication de ce projet à cette date précise ?

Si on m'avait dit ça il y a un an...

Il y a un an, nous étions à la veille de voir nos vies basculer. Tout allait bien, la vie était simple, j'étais heureuse et insouciante... Et puis, le 18 novembre 2019, j'ai été hospitalisée.

Je suis rentrée à la maternité avec mon fils et en suis sortie sans.

Que de chemin, que d'épreuves, que d'aventures vécues depuis...

Et enfin, peu à peu, nous approchons de la date de son premier anniversaire... Bientôt un an que nous avons dû être séparés pour la première fois...

La journée du 25 novembre 2020 fut douce. Bien sûr, j'ai pleuré en voyant la date s'afficher, à minuit pile, mais Thomas était là.

Nous avons beaucoup parlé avant de nous endormir, mais aussi à notre réveil. Nous avons reparlé de cette nuit très particulière, survenue un an plus tôt. Déjà.

Le temps est passé tellement vite et tellement lentement à la fois... Nous avons vécu comme sur des montagnes russes pendant 88 jours, trouvant le temps interminable tant nous attendions de rentrer à la maison avec notre petit garçon... et puis, suite à son départ, le temps a repris sa course folle, nous faisant revenir dans la vie quotidienne que nous avions quittée pour nous concentrer sur Marius et rien que sur lui.

Je redoutais cette journée, ne sachant quelles seraient nos réactions face à cette réalité bouleversante : un an après avoir vécu tout cela, nous ne pouvions même pas « fêter » le premier anniversaire de Marius.

Il m'arrivait souvent, quand il était encore parmi nous, d'imaginer cette journée : nous étions réunis autour d'un gâteau, de quelques cadeaux et Marius aurait probablement été hypnotisé par la flamme de la bougie. Je m'imaginais le tenant dans mes bras, l'embrassant, tout en me disant :

« Voilà, nous en avons surmonté tant de choses, mais ça en valait la peine ».

La réalité est bien différente. Et pourtant...

Nous avons effectivement surmonté beaucoup d'épreuves, dont la pire qui soit. Mais malgré l'issue fatale, je continue de croire que ça en valait la peine. Nous avons connu l'amour pur, l'amour indéfectible, l'amour indescriptible qui lie un parent à son enfant. Nous avons découvert des facettes de nos personnalités dont nous ne soupçonnions pas l'existence. Nous sommes devenus des personnes plus fortes.

Marius nous a offert tellement...

Nous avons décidé de mettre de nouvelles traditions en place.

Nous ne fêterons pas son anniversaire en allumant des bougies sur un gâteau, mais nous ferons entrer la lumière dans notre maison à l'aide de guirlandes. Nous décidons, à partir de cette année, d'installer nos décorations de Noël tous les 25 Novembre, afin de commencer cette jolie période en son honneur. Cela permet aussi à nos proches d'en faire autant, même à distance.

Ainsi, nous avons reçu de petites attentions tout au long de la journée : des photos de sapins décorés pour l'occasion, des bougies allumées, un morceau de musique, et d'autres tendres pensées pour notre petit garçon.

De mon côté, j'ai également décidé de lui écrire une lettre à chacun de ses anniversaires, dont le contenu ne sera connu que de nous deux.

Cette journée fut donc douce... et comme plusieurs signes de sa part, nous avons reçu les premiers tirages du livre *La petite étoile et l'arc-en-ciel*, sous un soleil éclatant.

Une nouvelle année commence. 2020 aura sans aucun doute été la pire année de ma vie (et pourtant, j'avais déjà vécu beaucoup de choses difficiles auparavant). Les fêtes de fin d'année ont été bien différentes de celles des années précédentes, de celles de l'année dernière pendant lesquelles nous avions passé beaucoup de temps auprès de Marius au service de réanimation et de celles que nous pensions vivre auprès de lui un an plus tard.

Pour une autre raison évidente (COVID-19), ces fêtes ont été différentes pour le monde entier.

En 2020, on m'a enlevé ce que j'avais de plus cher au monde. J'ai tellement perdu... Mais j'ai aussi gagné. Je me suis relevée, je me suis dépassée, j'ai découvert en moi une force que je ne soupçonnais pas.

J'ai découvert que malgré l'horreur, malgré la tristesse, malgré le malheur, il était possible de sourire, de rire, de continuer à vivre, de transmettre et par dessus tout : d'aimer.

C'est la force dont Marius a fait preuve qui m'a fait tenir, mais aussi l'espoir. L'espoir de lui offrir un petit frère ou une petite sœur, de le rendre fier de moi, de lui faire honneur, de continuer à le faire vivre.

À l'aube de cette nouvelle année, je suis fière du chemin parcouru : Marius est toujours présent dans les pensées de notre entourage, j'ai sorti mon premier livre pour enfant pour raconter une partie de son histoire, de notre histoire. Ce livre nous a permis d'annoncer la venue prochaine de sa petite sœur à nos familles... Et lui permettra de connaître également une partie de son histoire.

Car oui, nous l'avons appris il y a quelques jours (c'est d'ailleurs Thomas qui l'a remarqué lors de l'échographie) : c'est sur une petite sœur que Marius pourra veiller, de là où il se trouve...

Bien sûr, cette grossesse n'est pas aussi sereine que la première, mais je garde l'espoir que l'issue sera différente.

Marius veille sur nous. Tout va bien se passer. Cette année, le bonheur reviendra. Il faut y croire.

Février.

Un mois que je n'ai jamais porté dans mon cœur, encore moins depuis l'année dernière... Mais ce premier jour du mois de février marque tout de même deux caps importants : aujourd'hui, j'ai dépassé d'un jour le terme atteint avec Marius. Ce cap, comme tous les autres, a été angoissant. Tous les jours précédents m'ont paru durer une éternité et le moindre signe me faisait paniquer. Mais non, nous avons réussi, sa petite sœur et moi, à dépasser le terme et c'est une victoire.

De plus, je me suis rendue à la maternité afin de faire une échographie de contrôle. À un jour de plus que Marius à la naissance, sa sœur est estimée à un poids supérieur de 152g. Elle reste un « petit gabarit », mais c'est aussi une victoire à lui attribuer !

J'ai tout de même passé une matinée stressante, car suite à cette échographie, le médecin a voulu vérifier tous les autres paramètres.

Ainsi, j'ai du retourner aux urgences pour faire des examens complémentaires : monitoring, prises de tension toutes les cinq minutes pendant une demie heure (ce qui ne m'avait absolument pas manqué, bien au contraire), analyse d'urine... J'ai dû répondre aux questions d'infirmières, puis d'un médecin, puis d'un autre...

Au fur et à mesure que le temps passait et que les interlocuteurs se multipliaient, je sentais l'angoisse monter. Tous les résultats étaient pourtant excellents, mais on me forçait à rester dans ce lieu qui avait vu quelques mois auparavant mon fils s'envoler. Y retourner avait déjà été une épreuve, mais y rester plus que nécessaire devenait une torture.

Finalement, au bout de plusieurs heures d'attente, j'ai été autorisée à repartir avec des explications : tout va bien, mais la pré-éclampsie pouvant revenir à tout moment, ils souhaitent me surveiller « comme du lait sur le feu ».

Ainsi, on me propose un suivi très poussé : visites de ma sage-femme deux fois par semaine avec prises de tension, monitorings et analyses d'urine, mais aussi quelques échographies de contrôle en plus lors d'hospitalisations de jour.

Un suivi plus poussé ne me dérange pas, au contraire. Je sais à quel point les choses peuvent basculer rapidement. Mais je souhaite surtout me focaliser sur les victoires du jour, sur le positif, sur l'espoir que nous arriverons à aller le plus loin possible pour cette grossesse afin que dans quelques semaines, nous puissions rentrer ensemble, à la maison, en pleine santé l'une comme l'autre, sous l'oeil bienveillant de notre Marius qui, je le sais, veille sur nous.

20/02/2021

Depuis des semaines j'anticipe l'arrivée de cette date anniversaire. Des flashs remontent, Thomas et moi faisons des cauchemars... Les larmes montent facilement. Demain cela fera un an.

Mais aujourd'hui marque l'anniversaire du début de la fin.

Il y a un an, je venais le cœur léger à la maternité pour aller voir Marius, comptant les jours avant son opération et tentant de déterminer combien de temps il lui faudrait pour récupérer et, enfin, rentrer à la maison. J'espérais qu'il serait rentré pour mon anniversaire à la fin du mois de mars...

Il y a un an, j'arrivais confiante, mais je repartais en larmes, sans savoir que je venais de voir mon fils vivant pour la dernière fois, me contenant pour ne pas hurler, le temps d'atteindre ma voiture où j'ai enfin pu lâcher prise. Je me revois, après avoir crié tout ce que je pouvais, tenter de me reprendre pour être capable de conduire. Je suis rentrée chez nous et me suis allongée sur le canapé, dans le noir.

Au fond de moi, je savais ce qui nous attendait. J'essayais de continuer à croire à une issue favorable, mais je savais. Le début de la fin.

Aujourd'hui, je me suis réveillée vers 5h30, sans raison. Impossible de me rendormir. Nous sommes samedi, ainsi nous pouvons traverser ce malheureux anniversaire ensemble, Thomas et moi.

Ma mère a proposé de venir, les parents de Thomas de faire un repas, de faire quelque chose, n'importe quoi pour que nous pensions à autre chose, mais nous avons refusé. À quoi bon ? Ça ne serait que reculer pour mieux sauter : le contrecoup serait d'autant plus difficile à encaisser. Non, je préfère vivre pleinement cet anniversaire sans chercher à penser à autre chose.

Je ne sais pas ce que je veux faire (ou ne pas faire).

Je ne sais si j'aurai envie de pleurer, de rire, de sortir ou de rester dans mon lit, mais plus la journée passe, plus je réalise que je n'ai pas envie de reproduire cette journée d'horreur qui a marqué la fin de sa vie et quelque part, des nôtres, telles que nous les avions imaginées, mais elle a marqué aussi un tournant.

À partir de cette date, nous n'avons plus jamais été les mêmes. Tant de choses de sont passées... tant de choses qui ne seraient pas arrivées sans ces épreuves...

Alors je pense que j'ai plutôt envie de penser à cela. Je n'accepterai jamais son départ, mais je souhaite à présent voir ce que Marius nous a apporté.

Ainsi, après avoir beaucoup pleuré, j'ai pris une longue douche, ai enfilé une jolie robe, me suis coiffée et maquillée. J'ai eu envie de me faire belle. Pour lui, pour sa petite sœur, pour leur papa et surtout, pour moi. Demain marquera le premier anniversaire de son départ, mais aussi le premier anniversaire de nos nouvelles vies.

21/02/2021

Mon Marius,

Un an. Cela fait un an que tu t'es envolé mon amour, mon étoile, mon petit guerrier. Après un long combat, ton petit corps épuisé a lâché prise. Le soleil brillait comme il brille aujourd'hui.

Ces derniers jours, tu m'as envoyé plein de signes, comme pour me confirmer que tu étais bien là, à veiller sur nous. J'ai entendu ta chanson plusieurs fois, vu ton prénom sur un colis, à la télévision, trouvé des petits cœurs...

Je pensais que cette journée serait horrible, mais comment pourrait-elle être pire qu'il y a un an ? Tant de choses sont arrivées depuis... et en même temps si peu (à cause de la situation sanitaire que tu n'as pas eu le temps de connaître).

De la même façon, le temps s'est de nouveau écoulé étrangement : lentement et rapidement à la fois.

C'est étrange ce rapport que nous avons désormais avec le temps et la Vie en général... Notre vision des choses a changé et cette journée qui nous a apporté tant de malheur nous a aussi apporté de nouvelles perspectives.

Finalement, ce n'est pas cet anniversaire le plus compliqué. C'est celui de ta naissance car nous aurions dû le fêter à tes côtés, contrairement à ton « anniverciel ».

Aujourd'hui, je n'ai pas voulu faire revivre cette horrible journée. À quoi bon ? J'ai au contraire souhaité te rendre fier, comme j'essaie de le faire chaque jour depuis ton départ. Ainsi, je me suis écoutée. Nous nous sommes écoutés.

Dès notre réveil, ton papa et moi avons parlé de toi et tenté de déterminer quel était notre plus beau souvenir avec toi. Au final, nous n'avons pas réussi à choisir, car malgré toutes les épreuves et les moments difficiles, nous avons vécu de magnifiques instants à tes côtés. Nous les avons donc évoqués, avec le sourire, pour en conclure que nous n'avions pas forcément de moment préféré. Nous étions ensemble, point.

Puis, après avoir tenté pendant un an d'éviter de voir l'heure à laquelle tu es parti, j'ai décidé de faire l'inverse : j'ai attendu que cette heure s'affiche pour allumer une bougie.

Nous avons profité de cette journée ensoleillée pour aller nous promener au bord de l'eau et, une fois la nuit tombée, avons regardé le ciel, les étoiles et la lune à l'aide du télescope que ton papa m'a offert à Noël.

Je sais que tu veilles sur nous mon amour et, de notre côté, nous faisons notre possible pour veiller sur toi. Quoi qu'il en soit, nous te gardons dans nos pensées et dans notre cœur. Pas un jour ne passe sans que nous pensions à toi.

Nous t'aimons, pour toujours. Continue à veiller sur nous mon amour... mon petit prince des étoiles... Mon Marius.

Mars. Nous avons réussi à dépasser le mois de février sans encombre. Encore un bon mois à tenir avant que la petite sœur de Marius puisse naitre sans être prématurée. J'ai bon espoir, mais la grossesse est tout de même éprouvante, angoissante. Je fais tout mon possible pour profiter de chaque instant. Je m'émerveille des mouvements qu'elle fait, déformant mon ventre comme jamais Marius n'a eu l'occasion de le faire. Je contemple ce ventre rond, grossissant de jour en jour, que je m'amuse à mettre en valeur. Je prends des photos, des vidéos, je passe des heures à le regarder... Chaque jour, chaque semaine, chaque mois de cohabitation est une victoire et pourtant tout n'est pas rose. Je dois concilier cette grossesse et le deuil, l'espoir et la tristesse, l'avenir et le passé. Beaucoup d'émotions me traversent et les hormones n'arrangent rien ! Les examens non plus.

Je suis allée à l'échographie du troisième trimestre aujourd'hui et à nouveau, on m'annonce que notre fille est petite, que je dois faire un tour aux urgences...

Les examens se révèlent être parfaits et ne montrent aucun signe de récidive. Mais j'ai de nouveau vu ce regard... Celui qu'avaient les médecins de Marius quand ils avaient une mauvaise nouvelle à nous annoncer ou quand ils nous disaient « Il est vraiment courageux »... Ce regard empathique, inquiet, concerné... Ce regard de pitié.

J'ai beau être à plus de cinq semaines que le terme atteint avec Marius, ce regard me fait revivre tous ces instants. Je réagis donc plus violemment que le mois précédent et passe ma journée à pleurer : aux urgences, dans la salle dans laquelle ils m'ont mise pour tous les examens (une salle de pré-travail car tout le reste est occupé... Un aperçu de ce qui m'attends?), à la maison... J'imagine le pire, nous revois un an en arrière... Je visualise à nouveau les machines, entends leurs bruits, ressens les montagnes russes... Et repense à leurs regards... Et je pleure.

Je suis maintenant placée en hospitalisation à domicile. Ma sage-femme passe donc trois fois par semaine et j'ai une échographie de contrôle dans deux semaines.

Ce suivi est rassurant, mais également tellement angoissant... C'est toute l'ambiguïté de cette grossesse : tout et son contraire à la fois. J'adore être enceinte, donc j'en profite autant que je peux et espère tenir suffisamment longtemps, mais j'ai tellement peur que j'ai également hâte d'accoucher pour pouvoir rentrer à la maison avec notre fille en pleine santé.

Hier, nous avons d'ailleurs commencé sa chambre. Je n'ai pas encore ouvert le placard dans lequel sont rangés les vêtements achetés lors de ma première grossesse et attends d'être avec Thomas pour le faire. La dernière fois, c'était pour choisir une tenue à Marius. Nous l'avions refermé en disant :

« La prochaine fois, ce sera pour préparer l'arrivée de notre bébé arc-en-ciel ».

Il me tient donc à cœur de faire ce geste avec Thomas.

En attendant, nous avons accroché des rideaux, un ciel de lit, quelques décorations... Du matériel de puériculture commence à nous être livré... Petit à petit, nous osons nous projeter dans cet avenir qui paraît tellement simple à atteindre pour certains et qui peut pourtant s'envoler si rapidement.

Le regard de ce médecin a donc fait resurgir mes craintes, convoquant ces moments du passé que je ne veux plus jamais revivre.

L'avenir est à notre portée. Plus que quelques semaines à tenir, à garder notre arc-en-ciel au chaud dans mon ventre afin qu'elle grandisse et grossisse suffisamment pour rentrer à la maison, avec nous. Nous savons qu'elle est petite. À chaque échographie, on nous le dit... Espérons simplement que ce ne soit dû qu'à nos petits gabarits respectifs à son père et moi ! Il faut tenir bon, garder espoir. Le printemps arrive et le soleil avec lui.

Eté

L'ARC-EN-CIEL

« Marius ! Ne t'éloigne pas trop ! »

Le soleil brille, lui qui s'était caché ces dernières semaines. Nous profitons de ce temps agréable. Le petit garçon court, un peu maladroitement, il n'a que 20 mois. Je l'entends rire et ce son m'est agréable, mais il me brise le cœur également.

« Comment s'appelle-t-il ?

- Marius.

- Ah, c'est bien ce que je pensais... ».

Je me perds dans mes pensées.

« Pourquoi, c'est un prénom particulier pour vous ? », me demande la maman du petit garçon, presque sur la défensive.

Je respire un grand coup, regarde amoureusement le bébé qui dort paisiblement dans la poussette à côté de moi et répond en la désignant :

« Oui, c'est le nom de son grand frère ».

Je n'en dis pas plus. C'est inutile. C'est et cela restera son prénom.

Marius est grand frère. Depuis un peu plus de deux mois.

Au cours de cette grossesse, il y a eu des hauts, des bas, des larmes de joie et de tristesse, de la peur, beaucoup d'émotions, mais elle s'est finalement parfaitement déroulée.

Nous avons franchi plusieurs caps : les fameux « trois mois » (qui, je l'ai malheureusement compris, ne sont pas gage de sureté une fois dépassés), puis les caps de l'extrême prématurité, de la grande prématurité et (je n'osais y croire!) de la prématurité.

Ainsi, sa petite sœur est arrivée une nuit de pleine lune, quelques jours seulement avant le terme. C'est une « fille d'avril », comme dans la chanson que j'avais dans la tête sans savoir pourquoi, la nuit de la naissance de Marius. Peut-être était-ce écrit ?

Nous avons eu pas moins de huit échographies, deux passages aux urgences, deux hospitalisations de jour pour des contrôles, une hospitalisation à domicile pendant quelques semaines... On nous a parlé de RCIU (Retard de Croissance Intra Utérin) et puis en fait non... Mais en fait si... Et au final non.

Nous avons eu un double suivi gynécologue/sage-femme.

Cette dernière est venue une fois, puis deux, puis trois fois par semaine. Je ne compte plus le nombre de monitorings, les bandelettes urinaires, les prises de tension qui ont été faits pendant toutes ces semaines.

Cela a été éprouvant, stressant et en même temps tellement intense ! J'ai tenu à savourer chaque instant de cette cohabitation, ayant à peine eu le temps de le faire avec son frère...

Cette grossesse et l'accouchement ont été à l'exact opposé de ceux vécus pour Marius.

Pour lui, tout est allé trop vite et j'ai été traumatisée pendant longtemps.

Mais avec sa petite sœur... ce fut doux.

Elle a pris son temps, m'a réconciliée avec mon corps et la Vie.

Grâce à elle, je renais. Je m'émerveille de nouveau au rythme de ses sourires, de sa beauté, de l'amour que l'on partage chaque jour davantage.

Bien sûr, Marius demeure dans nos pensées, dans nos cœurs. Il ne se passe pas un jour sans que je ne pense à lui. Je regarde ses photos, me demandant à quoi il aurait ressemblé, ce qu'il aurait été capable de faire à son âge, quelle vie nous aurions pu avoir...

Voir des petits garçons de son âge ou portant le même prénom me fait toujours un pincement au cœur. Certaines dates sont toujours aussi difficiles et il m'arrive encore de pleurer en pensant à lui, en regardant ses photos, en ressassant certains souvenirs. Chaque jour, il me manque. Chaque jour, je fais mon possible pour continuer à le faire vivre à travers moi.

Et puis, je regarde sa petite sœur qui, bien qu'elle soit totalement différente, possède quelques uns de ses traits. Parfois, je retrouve certaines de ses expressions : le plissement de sa bouche et de son nez quand elle s'étire, son regard tantôt étonné, tantôt plein de défi... Mais le plus souvent plein de douceur. Son sourire quand elle dort... On appelle cela « sourire aux anges »... Je sais à quel ange elle s'adresse.

Marius est entré dans nos vies le 15 juin 2019 et, comme chaque enfant dans le cœur de ses parents, n'en sortira jamais.

C'était un petit garçon extrêmement courageux qui s'est battu pendant 88 jours.

Un magnifique bébé au nez et aux oreilles de son papa, aux yeux et aux cheveux de sa maman.

Un enfant qui aimait la musique et la lecture, qui avait un caractère bien trempé et une grande intelligence malgré son âge.

Il a été et restera notre lumière, notre force.

Il nous a fait devenir parents. Il nous a fait entrer dans un monde différent de celui que nous avions imaginé.

Il a bouleversé nos vies, dans tous les sens du terme.

En quelques semaines, il est parvenu à changer beaucoup de choses, aussi bien chez son père et moi que dans notre entourage.

C'est son héritage : ce que sa courte vie a provoqué en nous. Et bien que j'aurais aimé ne jamais connaître une douleur aussi intense, je le remercie de nous avoir choisis pour être ses parents, de nous avoir tant apporté, de nous avoir montré la vie sous un autre angle.

Je suis fière d'être sa maman. Je suis fière d'avoir porté, mis au monde et fait tout mon possible pour être la meilleure qui soit pour cet être merveilleux.

À présent, je continue à vivre, Marius dans la tête, dans le cœur, sur la peau et dans chacun de mes gestes... Sa petite sœur dans les bras.

Je continue à vivre pour mes enfants, sur Terre comme au ciel. Je le leur dois bien.

L'un comme l'autre, ils m'ont sauvée, chacun à leur manière.

Marius a changé nos vies, même après être devenu une étoile. Et puis, le temps aidant, le soleil et les couleurs sont revenus dans nos existences devenues pluvieuses, nous offrant le plus magnifique arc-en-ciel qui soit...

Il n'y a pas de fin. Que des commencements...

REMERCIEMENTS

Je remercie le père de mon fils d'être aussi exceptionnel et de m'aimer autant malgré tout.

Je remercie également nos familles et nos amis d'avoir été présents, de nous avoir réconfortés avec leurs mots et leurs attentions.

Je remercie ma chienne Nobelle (eh oui, il n'y a pas de raison!), d'avoir été la première à réussir à me faire sourire et même rire, ainsi que pour sa présence tranquille et ce don inné qu'elle a d'apaiser, d'écouter, de sécher les pleurs.

Je remercie ma sage-femme et mon médecin traitant, qui m'ont sauvé la vie en détectant aussi rapidement qu'il y avait un problème.

Je remercie les sages femmes et infirmières ainsi que la psychologue de la maternité de m'avoir aidée à traverser cet accouchement prématuré et à endosser plus tôt que prévu ce rôle de maman.

Je remercie infiniment les médecins et les soignants, qui ont tout fait pour notre fils et aussi (pour certains), pour nous, en nous aidant à réaliser notre importance tout au long de ce parcours.

Je remercie également les mamans et bénévoles de l'association SPAMA, pour leur bienveillance, leur absence de jugement, leurs messages plein de soutien, de compréhension et de compassion.

Je remercie aussi les différents groupes de « par'anges » auxquels je me suis inscrite, pour leur soutien, mais aussi pour m'avoir permis de venir en aide moi aussi à d'autres parents. Grâce à cela, j'ai eu le sentiment de ne pas être inutile.

Je remercie ma fille, mon arc-en-ciel, de nous avoir choisis et de ramener de la joie, du bonheur, des couleurs, de l'amour dans nos vie.

Enfin, je remercie mon fils, mon amour, mon petit lapin en sucre, mon petit cœur tendre, mon Marius de m'avoir fait devenir Maman, de m'avoir fait connaître la joie, l'amour inconditionnel, la tendresse et la volonté de toujours se battre, jusqu'au bout.